Alex
Sa5

DOMAINE FRANÇAIS

Editeur : Eva Chanet

CHANSON POUR BESTIOLES

ISBN 978-2-7427-7163-9

CÉCILE REYBOZ

Chanson pour bestioles

roman

ACTES SUD

I

L'intérieur de mes poignets frotte mes hanches à la bascule de chaque pas, du coup ma jupe a tourné autour de mon bassin, la voilà placée le devant à la place du derrière, les coutures barrent les cuisses au lieu de couler le long de la jambe. Le supplément de tissu prévu pour les fesses poche sur le pubis. Mon oreille gauche se bouche par moments, j'y sens une humidité qui ajoute des bruitages aquatiques à toute sonorité provenant de ce côté. Il y a aussi les talons de mes chaussures, des talons bobines plus usés à l'intérieur qu'à l'extérieur. Pour ne pas les déformer davantage, je crispe les orteils, j'arque mes pieds sur leur tranche externe. Ça fausse les pas, ça biaise la trajectoire, mais ça ne m'empêche pas de marcher.

Parce que, malgré tout, je progresse, j'avance ; je traverse le hall des départs, j'approche des trains. Une chose s'ouvre devant moi et se referme derrière. C'est encore le matin, l'air est doux, le bruissement de la gare m'entoure, celui de la ville fait un cercle un peu plus large, autour. Les semelles des passants raclent le bitume du quai, soulèvent poussière, conversations et humeurs du ras du sol, attrapées en tourbillon dès la sortie du métro et puis brassées et éparpillées par larges poignées, projetées au hasard par-dessus les verrières, vers tous les quartiers de la ville.

Je chuchote un peu, j'aime bien parler en marchant, imiter ce que j'entends. Là, je fais le galop des charançons le long des tuyaux chauds qui serpentent sous les rues ; un genre de craquètement furtif. Je fais un dialogue de charançons, une conversation, tout un rassemblement, même. Je joue leur congrès annuel. Je le joue assez bas mais très précisément, chaque intervenant est net, distinctement audible, d'ailleurs on doit m'entendre alentour parce que des regards se posent sur moi ; ils ont l'air de vérifier quelque chose. Du coup je cale l'anse de mon gros sac dans la pliure du bras, et ma main libérée figure un téléphone collé à mon oreille : phalanges repliées, sauf le pouce et le petit doigt bien tendus, l'un vers la bouche, l'autre jusque dans les cartilages de l'oreille. Cette attitude laisse entendre que je passe un appel, et aussitôt les regards repartent en tangente, je le sens bien ; je peux tranquillement continuer de mimer le banquet des charançons réunis sur trois générations, jusqu'à la dispute politique au moment du dessert. Maintenant, les gens qui passent près de moi sont intrigués par le modèle de mon téléphone.

Je maintiens le buste bien droit et j'avance souplement, malgré la jupe, les valises, mes genoux qui s'attirent et se cherchent à cause du biais des talons. Je longe le bord du quai, à distance prudente du trou ; sous les énormes wagons, les rails, les ballasts et les feuilles mortes collées, d'une couleur sale qui évoque le court-bouillon délayé dans l'eau tiède. J'y cherche des traces d'humain broyé, le jus séché d'un suicidé, je me tiens à distance. Ma petite Marthe, pas d'inquiétude ; à l'instant, on voit bien que tu es en pleine vie, tu occupes l'espace, tu t'y déplaces, vue de dessus tu dois même ondoyer et te répandre comme un poulpe en eau profonde, des tentacules-sacs de voyage déployés en étoile autour de la masse principale, des jambes qui apparaissent furtivement, à peine lancées de dessous le tronc, sitôt repliées, dans une progression lente et nerveuse à la fois, en tracé oblique, à l'ombre des longs trains muets alignés à quai. C'est toi le nouveau poulpe de l'océan immense ! Tu vas monter dans le train comme la bête des profondeurs profite d'un courant chaud pour se déplacer, dans le tourbillonnement phosphorescent des particules de plancton ; les tempêtes faciliteront ta course, tu glisseras sous les continents pour émerger où tu voudras, un point choisi à la surface du monde, et tu iras à la rencontre des créatures, quelles qu'elles soient, sans en exclure aucune, pas même celles qui parlent.

J'ai tout en tête : les mesures de mon périmètre, le volume de mon corps sur ce quai, le millimètre de filet d'air entre moi et le reste de l'espace, un contour invisible réchauffé par ma peau. J'ai à l'esprit la texture de mes vêtements, la forme de mes chaussures, l'implantation de mes cheveux sur mon crâne, la largeur de mes narines. Si je baisse les yeux sur mes joues, je vois la partie haute de l'arrondi, un peu flou, et un des deux côtés du nez, ou les deux côtés si je louche. Parfois, pour mieux me vérifier – cela m'arrive de temps en temps –, je me baisse d'un coup, jambes tendues, pliée en deux, tête en avant ; j'éprouve le déplacement du poids des globes oculaires, la masse des joues qui chutent. C'est toujours un moment plaisant et d'y penser me donne subitement très envie de le faire. Je le fais donc, je m'immobilise sur-le-champ en plein quai, mais dans la seconde suivante la dame qui marche derrière moi bute sur mes talons, râle, tandis que son chien miniature tenu en laisse déroulante sursaute, et évite *in extremis* ma valise. Il s'écarte et veut poursuivre son trottinement, mais le dérouleur émet le clic de fin ; la poignée se bloque dans la main de la dame, et le chien interrompt net sa trajectoire avec un cri aigu d'étranglé, pattes avant moulinant dans l'air.

Au début de la journée, dans les matins de mon ancienne vie, tout se passait bien. Chaque chose était à sa place : les trottoirs le long des rues, les rues derrière les fenêtres, et le tissu de mon slip, enfilé à l'endroit, tendu mais adaptable, docile, tant que je trottinais pieds nus d'une pièce à l'autre de l'appartement. Il y avait cet accord tacite, une connivence entre mon corps et le monde, une promesse d'harmonie ; la réimbrication de toutes les choses les unes dans les autres, dont moi.

Peu après je sortais, poussais la porte de l'appartement, celle de l'ascenseur, puis celle de l'immeuble, chacune plus lourde, et à chaque poussée de l'épaule, voire de tout le tronc avec la hanche en appoint, je me sentais davantage prête. Ça se renforçait, ça me redressait, la journée qui venait commençait à me faire envie. Je quittais un silence clos pour rejoindre la rue ouverte, son flot d'appétits illuminés de ciel, et je sentais poindre la faim de vie. Et puis j'entrais dans la rue, l'extérieur m'enrobait, j'ajoutais mon agitation à celle des autres, mettais mes pas dans le sens de la marche. Dès les premières grandes enjambées à la lumière crue de l'heure qui tourne, le bout de tissu, jusque-là immobile et discret, plissait. Quelques mètres suffisaient pour que le slip se ramasse en paquet, se retire vrillé au milieu des fesses, s'y renfrogne, et n'en bouge plus. Je poursuivais mon chemin du même pas, sans jamais, absolument jamais intervenir.

Mais chaque matin je me fracassais sur ce moment amer. La retraite du slip était mon emblème secret, celui des enthousiasmes avortés, du loupé intime. Alors je prenais le métro et j'allais au bureau.

Seulement, il y a quelques jours, j'ai décidé une chose simple et évidente à en être terrifiante : à partir de maintenant, me promis-je, parmi ce qui se présenterait de possible matériellement, je choisirais toujours de faire exactement ce que je voudrais. L'étendue de la chose m'a immédiatement saisie et intimidée, un champ de neige vierge éblouissante dont on ne verrait pas le bout.

J'étais assise sur mon téléviseur allumé, son au minimum, comme je le fais toujours le matin avant de partir travailler. Je m'installe sur mon poste, un vieux machin lourd et haut comme une banquette, et je fais face au presque vide de mon salon. Les lueurs de l'écran bordent le tout en bas de mon champ de vision. L'hiver, la chaleur du capot me réchauffe. Penchée au-dessus de mes jambes écartées, la peau du visage encore bouffie par un sommeil morne, j'aime suivre les sauts des éclairs de couleur que l'écran projette sur mes mollets, les micro-secondes bleues ou jaunes qui bariolent mes chevilles. Les miettes, en tombant du pain que je grignote, s'offrent une courte vie de confettis dans les rais de lumière, avant d'atterrir sur le parquet, paillettes tristes de fête refroidie. Je reste là longtemps chaque matin, je prends mon souffle avant de m'habiller, j'y passe souvent plus d'une heure. J'attends de sentir monter la force de pousser les portes, celle de soulever les couvercles et d'approcher les créatures.

A un moment donné, forcément, je fixe l'armoire à la corniche manquante. Forcément car elle est placée dans la courte entrée de l'appartement, pour ainsi dire le début du salon, et il n'y a que ça à voir depuis ma place assise sur la télévision. C'est une armoire à linge récupérée dans la liquidation d'un hôtel. La petite armoire était la moins chère de toute la vente ; elle était là, avec son unique porte à grillage de garde-manger, peinte en coquille d'œuf, coiffée d'une corniche à crans mal clouée. Longtemps elle s'est tenue tranquille dans ma chambre. Il y a quelques semaines, la baguette du côté droit de la corniche est tombée, et je ne sais pas pourquoi, quand j'essaie de replacer cette pièce dont l'extrémité est spécialement biseautée pour former un angle droit avec la baguette frontale, je constate que l'angle ne ferme plus. J'ai tenté de la reclouer, dans un sens, dans l'autre, les clous se sont tordus ou ont fendu le bois ; toutes mes approches ont échoué, je n'ai jamais pu reconstituer le coin avant droit, j'ai fini par renoncer. Depuis, la baguette est posée en travers par-dessus l'armoire, dans la poussière. Une bande de bois est à vif, sans peinture, on y distingue aussi la rouille d'une agrafe. Quand je suis assise le matin sur la télé, je cherche encore la solution de cet origami, et ce bois nu sous la corniche manquante est un rappel du plissement de la culotte, une énigmatique résistance, un découragement.

Je crois que je ne saurais pas me priver de l'étape du téléviseur ; j'espère toujours pouvoir la réduire à un instant, bref comme la prise d'une goulée d'air neuf. Pourtant, le moment dure, chaque fois. Ce lundi-là, je suis restée sur le capot de la télé encore plus longtemps, il m'était impossible de me souvenir pourquoi je devais me lever. Il y eut un vague coup de téléphone, je crus reconnaître un voisin de mon père ; je situais cette voix là-bas, en montagne, mais ce qu'on me racontait n'était pas clair, l'homme ne semblait pas sûr, et j'hésitais entre une blague et une erreur. J'avais décroché, écouté sans prononcer un mot, puis raccroché, sans me lever, sans cesser de guetter les éclairs de couleur sur mes jambes : jaune, vert pomme, blanc. Une heure avait passé depuis la fin du petit-déjeuner, et venait le moment précis où l'estomac n'existe pas ; ni contracté et bilieux, ni distendu, l'organe est insensible, on ne le localise que de mémoire. Mon corps goûtait cet instant de répit, d'apesanteur gastrique, libre de toute contrainte, et c'est pour ça aussi, je suppose, que j'ai pu prendre cette décision capitale, une révolution intime équivalente au séisme de la vocation, (du moins, je l'imagine comme ça), au mystère de la foi, à l'expérience du pardon : faire uniquement ce que je voulais.

Il y avait de quoi faire. Sans bruit, une vie nouvelle commençait, périmètre en pleine expansion, spirales vibrantes s'élargissant autour de moi, rayonnement magnétique, la tête m'en tournait.

Aussitôt, mon oreille gauche s'est mise à bourdonner ; j'ai pris cela pour un encouragement.

J'ai commencé séance tenante.

En premier lieu, j'ai voulu ne rien vouloir et, pendant plusieurs jours, je me suis épuisée à ça : n'aspirer à rien, n'avoir aucune envie, même vague. Vider tout mon être de la moindre intention.

J'avais sûrement sous-estimé l'ambition de mon projet. De pièce en pièce, chez moi, je m'appliquais ; je traquais le souhait pour le refouler, et c'était une épreuve. J'aurais voulu obtenir le *vouloir rien* sans cette concentration crispée de volonté. Dans la rue, livrée au défilé habituel des vitrines, kiosques à journaux, marchands de chaussures, bouches de métro, c'était pire. Rien de plus rapide à se faufiler dans l'esprit qu'une velléité. L'intention fugitive conduit les pas et les gestes avant même d'être clairement formulée. Ça donnait des bagarres sourdes contre mille minuscules éventualités de projets, une chasse aux idées floues menaçant de se préciser ; je serrais les poings, attentive à tout ce qu'on amorce par réflexe, prête à m'opposer d'un seul bloc de désintérêt, et encore j'ai dû forcément en laisser passer.

Je menais cette lutte chez moi, aux heures ouvrables, et évidemment cela finirait par poser un problème avec mon employeur, mais je m'en arrangerais. Un matin, après une semaine de purge, de ce jeûne du faire, j'ai estimé pouvoir renouer avec le principe de la volonté active. Le prologue était terminé, j'allais entrer dans le sujet : vivre selon mon souhait, et uniquement, dans toute la mesure du possible. Mettre en œuvre chaque désir, dès lors qu'il serait strictement personnel et entier.

Une de mes premières volontés a été de régler la question du travail, c'est-à-dire que j'ai téléphoné pour dire que j'étais malade. Il n'y a pas eu de commentaire, on a pris note de cela. Cette formalité a semblé presque trop facile, on aurait dit qu'ils le savaient déjà.

Ce qui m'était difficile, c'était de comprendre pourquoi je n'avais pas indiqué clairement que je ne reviendrais jamais travailler, décision pourtant tout à fait prise, irrévocable. Je butais sur la raison pour laquelle je m'étais contentée d'un mensonge qui retardait l'annonce des choses définitives. Je finis par me rassurer en me disant que c'était sûrement parce que je le voulais ainsi ; la seule justification, désormais, de tous mes actes.

Le lendemain, huitième jour de mon ère, soit le second mardi de ma nouvelle vie, m'est apparue la nécessité d'aller tout dire à mon père. J'étais au petit supermarché du coin, un magasin simple pour ne pas être tentée par l'inutile. Le magasin était presque vide, c'était le milieu de matinée, et ce calme me semblait un bon facteur pour m'exercer au libre arbitre. Devant la gondole de présentation des vernis à ongles, remplie de petits pots brillants, je vivais un premier test, j'appelais à grands cris intérieurs ma volonté pour qu'elle s'exprime sans détour : je devais désormais pouvoir tendre une main sûre vers un seul flacon parmi tous, vers celui que je voulais. Sans soupeser les mondes suggérés par chaque nuance de violet, de rouge, de nacré, sans chercher à évaluer la vulgarité du rose ni le caractère estival de l'orange. J'étais désormais déterminée à me contenter de ce qui ravirait mon œil et susciterait mon envie, en amont de toute influence. Il devait bien y avoir un stade de l'envie brute, aussitôt après l'impression de la couleur du flacon par la rétine, et avant la moulinette mentale du code. Il y a forcément un interstice, entre les deux. Devant le présentoir des vernis, je fermais les yeux un instant, attendais un peu pour les rouvrir par surprise, les ayant prévenus le moins possible. Je saisis une laque mordorée.

Derrière la caisse, une femme fatiguée mâchait un chewing-gum, le tee-shirt jaune et trop grand à l'enseigne du magasin passé par-dessus son pull à col roulé. Elle a attrapé le flacon, mon unique article posé comme un bijou sur le tapis roulant sale et gondolé. Elle l'a présenté devant le lecteur optique en le tournant un peu entre ses doigts, le bouchon du flacon disparaissait sous la pulpe de son pouce. Elle a claqué des mâchoires sur sa gomme, l'a fait passer, il me semble, de la gencive supérieure gauche à la gencive inférieure droite, la langue aidant. Elle a lancé son menton vers le présentoir des programmes de télévision. En couverture, la photo d'une silhouette surnaturelle qui porte des cheveux jaunes, des vêtements si ajustés qu'ils semblent incrustés, et dont les ongles des mains bronzées déployées sur les cuisses sont laqués de mordoré.

— Il est chouette, hein ? C'est *la* couleur de l'été, elles l'ont toutes, surtout les Américaines !...

C'est en sortant de ce magasin que j'ai pensé qu'il fallait que je voie mon père. Il m'aiderait sur le chemin de la seule volonté. Je devais l'inclure dans ma nouvelle vie, lui en premier. Partager cette grande nouvelle serait le meilleur moyen de l'officialiser, comme on annonce à la ronde qu'on arrête de fumer pour mieux s'y tenir, pour se placer sous la curiosité des autres. Je n'avais pas vu mon père depuis longtemps, j'allai lui faire la surprise. J'ai choisi de ne pas le prévenir, de ne même pas lui passer un coup de fil, cela gâcherait l'effet, et nous ne savions pas nous parler au téléphone. D'avoir décidé de partir, je me sentais déjà presque arrivée, ma main prête à saisir la poignée du portillon de son jardin. J'ai acheté un billet de train, et préparé une valise ; j'ai choisi mes vêtements, exactement ceux que je voulais. C'était une sélection parmi ceux que je possédais, bien sûr, il ne pouvait s'agir que de ceux-là.

Je longe l'ombre du train, savourant chaque pas, le poser du talon, le suivi de la hanche, la résonance dans la colonne vertébrale. Mes cheveux se soulèvent au rythme de mes enjambées, je feins d'ignorer le poids des bagages pendus à mes bras. J'avance sur ce quai, je m'approche de la porte du wagon, sans impatience : aujourd'hui est un grand jour et je m'y enroule, les ongles laqués mordorés.

Je suis vraiment contente de ma décision. En réalité, je ne me sentirais pas plus neuve ni légère si je m'étais réveillée grenouille au petit matin ; peut-être même ma vie serait-elle moins riante, et je chante en moi-même : Ah ma petite Marthe… c'est fantastique, quand même, non ? Tout est devenu aérien, fluide, brillant aussi… C'est vrai, tu te cognes encore un peu partout, tu as toujours été comme ça, à te couvrir d'hématomes violet et jaune dus à tes embardées dans les portes, les angles, à tes éternels sacs ballottés au bout de tes bras… C'est vrai, déjà tu as faim, ton estomac remue, grimace, et quand tu l'auras rempli ça n'ira toujours pas, encore pas… Mais malgré cela, tu vois ma petite Marthe, c'était finalement simple de changer de vie ; le décider, et puis le faire, en quoi cela pouvait-il être compliqué ?

Je me dis qu'il faudra que je cesse de me dire "ma petite Marthe", je ne supporterai ça, d'ailleurs, de personne. Alors il n'y a plus lieu de me l'infliger moi-même.

J'entreprends de hisser une valise dans le wagon, puis une autre, dans l'opération j'accroche mon collant dont une maille file depuis le mollet jusqu'à l'entrecuisse, remontant l'intérieur de la jambe. Je me souris, pour me soutenir. Entassés mes bagages et moi dans le carré d'entrée du wagon, isolée des places assises par une porte vitrée, je vérifie le numéro de place sur mon billet. Mon oreille gauche se rebouche. Je ne le réalise pas tout de suite, pensant avoir déjà coulé dans le faux silence des compartiments de train, mais après m'être cognée dans un homme surgi de la gauche, donc imperceptible pour mon oreille, je comprends qu'un coquillage est revenu se coller à moi.

Quand j'arriverai chez mon père, l'air sera vif, la lumière un peu crue, je ferai semblant d'être agacée d'enfoncer mes talons dans l'herbe et la terre mouillée. Je pousserai la porte du grand salon et il sera là, de dos, torse nu ; je reconnaîtrai le roulis des omoplates enfouies sous la masse charnue, perdues en pleine chair. Il sera occupé à changer les piles d'une lampe torche. Il ne m'entendra pas tout de suite, marmonnera "ah merde" quand une pile échappera à ses doigts ronds et malhabiles. Je poserai mes sacs dans l'entrée de la maison, sur la console large et basse, couverte d'une plaque de marbre fendue depuis des années. Petite fille, on m'avait expliqué que ce meuble s'appelait un *retour de chasse*, et j'avais aussitôt fabriqué des images très nettes, terrifiantes aujourd'hui encore : gibier sanguinolent aux yeux vitreux, têtes pendantes, trous des balles encore fumants, les derniers tressaillements de la bête presque visibles sous les poils.

Quand j'arriverai dans la maison de mon père, j'aurai des frissons comme chaque fois, car la maison est si vaste que chaque pièce contient assez d'air pour se croire encore dehors. Même après avoir frôlé les murs blancs du bout des doigts pour mieux s'y enfermer, on continue de sentir l'espace infini tournoyer autour de soi. Les montagnes, visibles par les fenêtres, ne parviennent pas à interrompre cet étalement de l'air, il faudrait oublier la hauteur de ciel au-dessus du toit, les mètres de terre noire sous les fondations, de la terre forcément, mais plus noire là-bas qu'ailleurs. Même dans un lit, même sous un drap, on sent encore tout ça. A cause de cet air brillant dont on croirait entendre cliqueter les molécules, à cause aussi de la perpétuelle cavalcade des torrents au loin, les murs épais de la maison ne me rassurent pas plus qu'une cabane d'enfant bricolée sous un buisson de lauriers, ouverte au vent. Il faut dire que mon père ne chauffe pas beaucoup la maison, il a toujours trop chaud. Et puis il aère sans cesse car il sait qu'il commence à puer tôt dans la journée, en plus de cela, la douche est à l'étage, tandis que sa chambre est au rez-de-chaussée.

Le passager monté dans le wagon me demande pardon, il aimerait rejoindre sa place. Je me pousse, le laisse s'avancer devant la porte vitrée ; il soulève la poignée, et la porte s'ébranle. Le chuintement du plexiglas me parvient sur une partie seulement de la trajectoire ; à cause du coquillage, les choses ne se produisent qu'à ma droite. Amusée, je guette un prochain bruit pour vérifier cette surdité partielle ; c'est alors que je vois le type se prendre le pied dans un de mes sacs posés au sol. Il sautille et volette sur place, sacoche d'une main, journal de l'autre, les bras en balancier, incrédule, quand la porte entame son trajet retour par la gauche, donc inaudible pour moi ; elle heurte violemment ma tempe et, tout de suite après, la cheville du type qui n'a pas eu le temps de cesser de danser.

Il s'éloigne cette fois dans la travée, très vite bien qu'il boitille, muet aux yeux fous. Je frotte doucement mon crâne, sans lui sourire ni m'excuser. Non, je ne veux pas m'excuser, pas plus que je n'ai voulu croiser son chemin ni le blesser. En revanche, je réalise que je n'ai pas encore effectué ce que je voulais faire sur le quai. Or ça ma petite Marthe, me grondé-je, il ne faut pas le laisser passer : tu voulais projeter ta tête en bas pour sentir tes joues rejoindre tes globes. Tu n'as pas pu finir ton geste, à cause de la dame, du chien, de la laisse du chien. J'avais dit que je le ferais, alors je le fais, je me plie en avant, après avoir trouvé l'agencement adéquat de mes sacs autour de mes pieds, dans l'espace réduit de cette sorte d'antichambre. Le mouvement de bascule du corps !... et la projection dans les airs du poids du crâne au bout du cou tendu, jambes raides !..., l'idéal est d'avoir la place d'ouvrir un peu les coudes : un moment très plaisant, habituellement. Il m'arrive de me livrer à l'exercice dans un couloir désert au bureau, ou sur l'escalator d'un grand magasin. Cette fois, le geste entraîne la maille filée du collant, elle parcourt quelques centimètres supplémentaires, caresse non voulue à fleur de cuisse. Mes cheveux frôlent la moquette incolore. Ma tempe meurtrie irradie de chaleur dans l'atmosphère morne d'eau stagnante. Du fait de l'oreille bouchée, j'ai l'impression que je penche. Peu importe, je me plie : je sens bien nettement mes seins s'échapper, et le tissu de ma jupe se tendre vers l'arrière ; il faut ensuite se concentrer pour ne pas louper la seconde précise où se produit le déplacement des joues. Ramasser toute sa matière et la faire compacte pour se réduire en babine lourde et molle, précéder l'attraction terrestre, rendre hommage à la durée de péremption du corps. Quelques pas en éclaireur sur le chemin de la décrépitude, un apprivoisement du pourrissement avec pour seule compagnie les battements du sang, le bruit de la pompe à encore. Fermer les yeux, déguster les mécaniques anatomiques, l'arrondi du dos, le poids des paupières. Un pantalon d'homme, bleu marine, s'approche. Je le situe au-delà de la porte vitrée. Au moment précis où le représentant de l'ordre local lève énergiquement le loquet, la porte coulisse et commence de rentrer dans la cloison qui lui sert de fourreau, y entraînant mes cheveux, tous mes cheveux. La porte ne ralentit pas, elle s'enfonce à l'intérieur de la mince paroi, cela a été calculé pour. J'ai beau essayer d'accompagner le mouvement en allongeant mon cou à son maximum, toujours pliée en deux, le cuir chevelu se tend, s'étire encore, se décolle ; le crâne bute contre la cloison, les cheveux continuent avec la porte. Ils sont prêts à se dissocier de moi lorsque j'entends, en provenance de la droite, mon hurlement propre, en même temps que la voix du contrôleur, plus difficile à localiser :

— Madame ?… Madame ?!!

Des gens se sont levés, approchés, il y a plein de jambes autour de moi.

Après l'intervention d'un médecin, la vérification de mon identité et de mon titre de transport, l'établissement par le contrôleur d'un procès-verbal pour justifier le retard du train, le déverrouillage de l'alarme du compartiment et la remise en fonction du système d'ouverture automatique de la porte, il fallut encore disperser les badauds, m'accompagner jusqu'à mon siège, caser mes sacs dans l'espace à bagages.

Le train démarre enfin.

Je décide de prendre tout cela très bien, d'ailleurs je souffre à peine, les choses auraient pu être pires. Ce qui s'est passé découlait finalement des mouvements que j'avais choisis ; la partie imprévue des événements est bien la preuve que les gestes voulus ont existé, puisqu'ils ont eu des conséquences. Pour fêter ce retour au calme, je me masse les globes oculaires, appelant des visions kaléidoscopiques apaisantes, masses spongieuses violettes tournoyant au fond d'excavations dorées. Rouvrant les yeux, je me trouve nez à nez avec, dans la vitre, le reflet d'un sikh fatigué. Je ne me reconnais pas tout de suite à cause du volumineux bandage autour du crâne. Mon oreille recommence à bourdonner, elle n'a peut-être jamais cessé mais dans cette agitation je ne m'entendais plus.

C'est un signe plaisant, les choses reprennent leur cours, et dans un soupir j'étends les jambes sur la place voisine demeurée libre. Au-delà de l'allée, deux femmes discutent. L'une, pointue et acide, explique et détaille quelque chose à l'autre qui écoute et absorbe. Celle qui fait réceptacle ressemble à un monticule d'épluchures de pommes de terre, à ce qui s'est formé sur la table quand on a bien pelé en rond sans interrompre la bande de peau épaisse et terreuse. La plus jeune expose :

— Je suis absolument sûre que ça peut marcher. Je me demande même si ça n'existe pas déjà aux Etats-Unis. Il faut que je me renseigne. Franchement, combien de tubes de fond de teint périmés tu as déjà jetés ? Au prix de certaines marques ! Tandis que, là, un petit frigo avec un design très étudié, encastré dans ton meuble de salle de bains… tu imagines ? Très mignon, capitonné, ou au contraire high-tech, dans l'esprit des équipements pour la Nasa, tu vois ?

Elle insiste sur la multitude de produits cosmétiques qui nécessitent d'être conservés au froid. Elle assène à sa voisine que ce créneau est à prendre sans attendre, elle le souligne : Marianne, tu entends ? Très vite !

Mon téléphone portable chante, sur l'écran clignotent les mots : "Local photocopies."

Je prends l'appel sans hésiter, pleine et forte de l'idée de la nouvelle vie, sereine, bien que surgisse à cet instant et sans raison la vision de la corniche d'armoire amputée. Une voix grasse avec des pointes aiguës :

— Alors, on fait la malade ? Et je fais quoi, moi, à l'heure du café ?… J'suis dans le local, là, c'est onze heures… et j'ai pas ma petite fleur bleue… Tu reviens quand ?

Derrière la vitre du train galope une verdure triste et mouillée, superposée à l'image floue du bandage sur mes cheveux noirs, luisants, généreusement badigeonnés de crème par le médecin. Je m'encourage à voix très basse, bouche fermée : Allez, Marthe, annonce-lui que tu ne reviendras pas travailler, jamais ! Dis-lui, il faut lui dire ! C'est une épreuve, oui Marthe, mais si merveilleuse ! Une épreuve d'un grand luxe !

La voix rendue plus rauque par le micro du téléphone, il demande encore :

— T'es où là ? en voiture ? en train ? t'es pas si malade alors… T'es partie te faire voir où ? hein ? tu vas vite revenir, dis, ton petit congé tu vas l'écourter, tellement tu vas t'emmerder… je garde la clef du local, en t'attendant je trouverai des stagiaires, tant pis pour toi…

A ma gauche la femme brise-glace continue d'expliquer son projet de réfrigérateur. Pelure émet une approbation sourde, accompagne l'argumentaire d'un hoooonn grave et continu. Son amie pointue soutient qu'il est temps de se prendre en main, d'établir un plan de financement, de déposer un brevet ne serait-ce que pour l'idée, les grandes affaires commencent comme ça, dit-elle : de l'énergie, une once de crédit, et allez.

Le train entier penche pour entrer dans un virage, les formes fixes des étangs, des champs, sont barrées de pylônes qu'on frôle, verticales déchiquetées par la vitesse. Dans une vibration plus ample du wagon, la tablette du siège voisin se décroche et s'abaisse lentement. Un revêtement plastifié à motif mosaïque vert et blanc se découvre sans bruit. Pelure de pomme de terre, qui penche avec le train, porte une main à son front, je crois voir ses doigts s'enfoncer légèrement. Je l'entends questionner la femme coupante sur son projet, lui indiquer d'un gémissement qu'elle a bien compris l'idée, mais ses joues molles semblent gonflées d'interrogations étouffées à mon sujet :

— Tu vas devoir trouver des locaux, alors ? Et gérer tout un tas de personnel, de techniciens !…

Amie pointue paraît déçue de cette remarque : toute sa face se réduit en un nez aiguisé, son profil devient brise-glace, machine à découper le jambon, épluche-légume.

Mon estomac, qui se contentait depuis le départ du train d'entretenir une discrète nausée, amorce une torsion avec obstruction quasi complète du duodénum. Je me concentre sur une masse de cheveux qui dépasse de l'appuie-tête devant moi. Des cheveux soyeux, brillants, de longs poils d'animal. Ils doivent filer sous le doigt, être doux à donner le frisson. Je les fixe comme une île aperçue d'un navire à la coque trouée.

Dans le téléphone, le souffle s'impatiente.

— Tu dis rien ? Tu m'entends ? C'est quoi ta maladie ? Tu reviens quand ? Allez, arrête ton chiqué de petite fleur pas bleue… Déjà qu'ici on s'emmerde à cent sous de l'heure, si en plus t'es pas là pour qu'on rigole un peu… Hé, rien que de penser que c'est l'heure de notre rancard, je bande… Si tu voyais ça…

Ma main presse l'appareil contre l'oreille, douloureuse comme le reste du crâne, comme mes doigts de pieds contractés au fond des chaussures, mes pieds cambrés plus haut que la cambrure, au bord de la crampe ; je convoque, je somme ma volonté de s'exprimer franchement. Mais je demeure introuvable, la tablette à motifs verts et blancs dépliée devant le siège voisin a plus de consistance et de détermination que tout l'assemblage soutenu par mon squelette. Je cherche en moi la bestiole en déplacement, mes tentacules ondulant dans le courant, je cherche la nouvelle vie, je me cherche jusque sous mon estomac, dans la doublure pendouillant de ma jupe, dans mon crâne bandé.

Le passager devant moi parle avec son voisin, la touffe de cheveux noirs frémit à chaque mouvement de la bouche, vibre avec la voix. De ma place, je ne vois pas le visage du propriétaire des cheveux de soie, mais en laissant ma tête flotter entre leurs sièges je découvre le profil du voisin, un jeune homme roux assez beau. Je dis cela comme je dirais autre chose de lui car je n'ai jamais bien su à quoi on fait allusion quand on dit de quelqu'un qu'il est beau.

L'homme du local à photocopies, par exemple, celui qui attend une réponse à l'autre bout du fil, ne me semble pas correspondre à ce qualificatif. Pourtant, est-ce à cause de sa voix très grave qui s'échappe souvent et brusquement vers l'aigu, une voix en mue interminable dont tout le monde se moque, ou du deuil qu'il a fait d'être beau, et des manières méchantes et libres qu'il s'autorise en échange, mais je réponds oui quand il me téléphone depuis son bureau pour m'intimer de le rejoindre dans le local. Je *répondais* toujours oui. Juste ce mot, et je raccrochais en me levant déjà. A peine à mi-chemin du couloir aveugle menant au local, il arrivait sur mes talons, attrapait mon coude mes cheveux ou mon col de chemisier, et me projetait dans la pièce en ouvrant la porte du pied. Je le trouvais très touchant dans son renoncement, conscient de n'avoir ni allure, ni discours, ni même une grosse voiture. Une fois dans le local, comme chaque fois il coinçait une de mes jambes entre la photocopieuse et une armoire métallique, soulevait mon autre jambe au-dessus des tas de cartons de ramettes, du papier 80 grammes Toucher Satin, c'est arrivé qu'un carton me tombe dessus, ou que mon visage se colle sur l'emballage bleu et blanc. Puis il m'aplatissait le buste sur le capot de l'appareil, avant de descendre sa braguette. Souvent à ce moment-là il disait : zut, ton collant, et me redressait pour baisser le nylon jusqu'à mes chevilles, puis me repositionnait avec brutalité, alors la minuterie du local s'éteignait, il écrasait l'interrupteur d'un coup de poing furieux, il voulait me voir, il disait qu'il trouvait ça beau.

— C'est beau, putain c'est beau, disait-il souvent en me martelant le dedans.

Une seule fois j'ai demandé :

— Qu'est-ce qui est beau ?

— Mais tout ! ça !... enfin... toi, si on peut dire ! Ah ben tiens j'ai fini, ma petite fleur bleue pas bleue.

Je ne pouvais plus supporter cela, je ne peux plus, et cela ne se produira plus jamais dans ma nouvelle vie, donc à partir de maintenant, tout de suite après que je lui ai annoncé mon départ définitif, je ne laisserai plus un seul individu m'interpeller par ce sobriquet : ma petite fleur bleue pas bleue. Pourtant, le contact de sa peau épaisse et sans âge me manquera, comme le bruit de son pas décidé sur la moquette en guise de bouquet de fleurs.

Après réflexion, l'ami roux, voisin de l'homme aux cheveux de soie, est surtout joli ; c'est bien la plus terrible des punitions, une pire disgrâce que d'être laid, et pis encore même, j'en suis sûre, que d'être beau.

Il faudrait que je pense à quelque chose qui canalise ma volonté, synthétise mes souhaits. Je pourrais me souvenir de ce sourire que tout enfant j'avais offert à une femme, puis retiré très vite, parce qu'il l'avait fait rire méchamment. La femme avait imité mon sourire en le singeant jusqu'à la grimace, elle avait dû le trouver trop large, insupportable, et je l'avais aussitôt ôté de ma bouche comme on décolle honteusement un poisson d'avril de son dos. Ce serait l'occasion, oui, de retrouver le cadavre de mon sourire, de le réanimer, de le porter en parade.

Pelure m'épie toujours, aussi timidement que possible, alors Femme pointue se tourne elle aussi vers moi, pour jauger la source d'inquiétude. Apparemment, elle ne voit rien en moi qui puisse perturber l'implantation des réfrigérateurs à cosmétiques sur le marché national et au-delà.

— Non mais… tu ne m'as pas bien suivie, Marianne… Réfléchis ! Je veux seulement vendre ! Distribuer ! Pas fabriquer, qu'est-ce que tu veux que je fiche d'une usine… Non, il faut seulement décrire le produit, concevoir un bon catalogue, tout est là ! Et coller ça à des revendeurs…

Je dois retrouver mon sourire, un beau sourire qui glissait facilement sur mes lèvres, un cadeau de naissance de mon père ; je n'aurais d'ailleurs jamais dû l'abandonner si facilement, à la première moquerie. Pour le moment je ne vois que cela à faire, ça, et bien sûr dire à l'homme qui me téléphone depuis son local que je ne retournerai pas là-bas. Alors que mon plan se dessine et s'affirme, tout à coup, un soupçon me gagne : je réalise que je n'ai jamais eu envie d'essayer de vendre quoi que ce soit. Est-ce une lacune qui se révèle ? Dois-je m'en inquiéter ? Je me prive peut-être de satisfactions insoupçonnées. Y a-t-il des volontés que je n'aurais jamais ? Des souhaits qui seraient réalisables mais resteront inappliqués parce que je ne les éprouverai pas ? Je me demande pourquoi le désir de vendre des frigidaires – ou des enclumes – vient aux uns et pas aux autres.

Les trépidations s'amplifient, le train déboule à travers les champs, les mares et les bosquets, fait trembler les murs des villages de sourds-muets, nous projette du nord vers le sud, pourtant chacun s'applique à conserver une quasi-immobilité, sauf mon estomac. Il brasse la bile acide, s'enroule et se redéploie, ressasse une comptine hypnotique. Dans ma paume, le téléphone chauffe.

Mon intention était d'énoncer clairement ma volonté de rupture à mon interlocuteur, puis d'offrir à chacun un sourire radieux. Je n'ai fait que vomir sur moi, et sur le dossier du siège de devant, sur la tablette à motif de mosaïque aussi, et puis j'ai voulu couper la communication d'une pression sur le clavier du téléphone. Par une imprécision de mon geste, je n'ai fait qu'agripper les fils de soie vibrionnant sous mon nez et en arracher une poignée. Mon tympan fou grésillait, me communiquait des informations affolantes et contradictoires en langage d'insecte.

Le contrôleur est arrivé très vite, pâle et transpirant, alerté par Femme pointue et surtout, je pense, par Pelure de pomme de terre ; en tout cas pas par l'homme aux cheveux de soie. On m'a demandé à nouveau mes papiers d'identité, on m'a questionnée sur un ton d'inquiétude mêlée de reproches ; est-ce que je voyageais seule pour la première fois, est-ce que je n'avais pas oublié de prendre une médication quelconque, interrompu un traitement, qui viendrait me chercher à la gare ?

J'ai dit que j'étais un poulpe majeur et autonome, au casier judiciaire vierge, un poulpe responsable ; j'ai dit ça pour rire, pour envoyer un galet à ricochets, un geste vers tous ces gens qui regardaient. Les aimables me tendaient du papier absorbant pour nettoyer mon chemisier gluant de vomi, les enfants hurlaient à cause du bandage, l'atmosphère était somme toute encore légère.

Mais Pelure et Femme pointue, vigilantes, fesses soulevées au-dessus de leur siège, muscles bandés, étaient prêtes à voter ma mise à mort d'un pouce tourné vers le sol. L'homme à la touffe en moins restait calme, et pourtant je sentais, au creux de mon poing, mon trésor de cheveux frémir comme un moineau prisonnier. Il frottait sa nuque, forçait son rire ; ses yeux demandaient au contrôleur si on allait m'emmener ou si je restais là.

Le contrôleur me prévint qu'à la prochaine cartade il ferait stopper le train, il m'en ferait descendre, il en avait le pouvoir, précisa-t-il, en nage.

J'ai dit :

— Une in-cartade.

Il a rugi en se retournant :

— Non, un ! Un seul cartade, et on en finira de vous en tant qu'usagère !

L'annonce de l'ouverture de la voiture-bar a retenti à ce moment, et le contrôleur a hésité, je l'ai senti, à m'en interdire l'accès.

Là-bas dans la maison de mon père, dans la chambre que j'occupe à l'étage, j'ouvrirai aussitôt les deux fenêtres : une qui donne au sud et l'autre à l'ouest. La moitié de la pièce sera alors suspendue dans le vide, flottante dans l'air froid à hauteur des cimes. La part restante de la chambre, celle fermée par des murs pleins ou des portes, cette partie-là est calée, inamovible, adossée à la montée vers les sommets. Quand j'arriverai chez mon père, je monterai poser mon sac dans cette chambre, et tout de suite, pour le plaisir, je deviendrai montagne. Je me ferai minérale, inerte et géante, posée face à la vallée déroulée devant moi. Je me figerai en un amoncellement de cailloux, m'éroderai sans souffrir, me polirai sans lutte, m'enneigerai sans rhume ni crevasse. Et même, une fois les fenêtres refermées, plus modestement mais avec autant de volupté, je deviendrai le plancher qui craque, rien qu'une seule de ses lattes, je me réduirai à un pas de porte dévissé, à un pied de lit fendu, je peux presque tenter d'être une rainure entre deux lattes, l'interstice noirci de poussière et de cire, où brille, impossible à récupérer, une épingle tombée d'un vêtement dont on préparait l'ourlet. Je pourrais me faire huisserie en bois, peinture écaillée, battant de fenêtre qui gonfle avec les pluies d'orage, je pourrais sécher et me faire poussière de pierre pour vivre ici toujours, définitivement inscrite dans le décor, et surtout, pour ne plus avoir d'espérance de vie, ni de formule sanguine, ni faim.

Le plus difficile, le plus ambitieux, serait de s'évaporer complètement, se désincarner, s'évacuer de sa chair pour devenir de l'air, tiède en souvenir du corps chaud que l'on a habité. Une fois répartie dans l'espace, se laisser flotter en ascension lente vers le plafond ; l'air chaud monte toujours. Je savais faire cela quand j'étais enfant, je savais me réduire à rien, flotter sans périmètre ni définition, invisible, au ras du plafonnier, en rond autour de la douille électrique, dans un silence de bulle qui vient d'éclater. Je pouvais le faire.

Le volume de la pièce tout entière tenait alors dans ma seule concentration, la chambre enflait et rétrécissait à volonté : pour éloigner les murs et les tordre, il me suffisait d'enfler ou de rétrécir moi-même, j'étais la buée transparente contenue entre portes et fenêtres, une masse de silence humide et tiède comme l'air tout juste sorti des bronches.

J'ai perdu mes pouvoirs magiques à l'époque où j'avais trouvé le moyen de traverser le plafond de la chambre. J'avais compris comment imprégner le plâtre et gagner le plancher du grenier, tout là-haut, et déjà quelques-unes de mes molécules se mêlaient à la poussière du toit, se faufilaient dans les tuiles poreuses et la laine de verre, entre les poutres. L'air froid du dehors m'appelait comme un cousin, m'attirait vers sa lumière, tendait une main pourtant éparpillée parmi le ciel, éparpillée et familière, l'air froid m'aspirait à l'aide d'une paille fine et coudée, mais alors que je venais de trouver ce chemin tout s'est arrêté.

Parce que c'était l'heure du repas, que quelqu'un était entré dans la chambre, ou simplement un volet mal fermé avait-il claqué, je ne sais plus, mais j'ai regagné mon corps d'un bond lourd, je suis redevenue organisme palpitant, périssable. Peu de jours après c'était la fin des vacances, il fallait quitter la maison, et quand sont venues les vacances suivantes j'avais encore grandi, chacun de mes membres était plus long et pesait plus lourd encore. D'enfant au contenu ferme et inodore comme l'ours rempli de son avec lequel j'avais tant joué, j'étais devenue chair et os. Les pores de ma peau étaient désormais bien visibles, les veines aussi, du duvet avait surgi par endroits, et aussi des rougeurs sur les gencives, à la base de certaines dents qui n'étaient vraiment plus de lait.

Depuis, je sais toujours devenir montagne. Mais plus jamais je n'ai réussi à flotter au ras d'un plafond.

II

Depuis que le contrôleur est parti, chacun fait mine de reprendre sa conversation, son grignotage, sa sieste. L'air tiède est pourtant papillotant de suspicion, il y flotte le guet des mots et gestes de chacun. Nuque raide, doigts gourds, plusieurs déchirent la page de leur journal en essayant de la tourner. Pelure de pomme de terre et Femme pointue se sont dirigées vers la voiture-bar, sans un mot, rapidement après l'incident. Pelure, obligée de me frôler pour quitter sa place, en suintait d'angoisse. J'ai fait grrrrr entre mes dents, elle a hoqueté de peur et s'est collée au plus près des omoplates de sa duègne, moi seule l'ai vue, mais elle a vraiment fait ça.

Ami roux est sur ses gardes, il vérifie ma présence une fois par quart d'heure. Mais il n'arrive pas à croire qu'une poignée de cheveux manque réellement à la toison de son ami. A plusieurs reprises, Cheveux de soie a pointé un index sur un endroit précis de son crâne, avec un murmure insistant : Si, là. Pure perte. J'ai entendu l'ami lui répondre, amusé :

— Agrippés, oui, j'ai bien vu, mais arrachés, je pense que tu exagères… Tu sais bien, je ne crois que ce que je vois !

Dehors, c'est à nouveau la ville, celle-ci est équipée de murs aveugles et dos d'âne fluorescents, bardée de rampes pour vélos et fauteuils roulants, une ville muette et énervée. Ses constructions sont lézardées et décrépites, c'est une ville nouvelle. Une femme traverse une rue, ses demi-bas étranglent le haut de ses mollets, l'élastique est trop court ; on perçoit aussi son inquiétude d'avoir laissé seul un nouveau-né, un adolescent suicidaire, ou un poulet au four. Alors elle presse le pas et se tord une cheville, ce qui ne fera que retarder son retour. Ce soir en se déshabillant, elle découvrira une ravine violette sous chaque genou.

Je cherche un moment ma valise, il faut l'extirper des casiers géants situés au fond du compartiment, à l'arrière des sièges. Je tire sur la poignée à pleines mains, pendant que les voyageurs, je le sens bien, me tournent le dos sciemment. A moins que cette sensation ne soit due à mon côté gauche pénalisé. Une vibration de douleur jaillit de sous mon tympan, s'élance jusqu'au fond du wagon profond, là où les passagers font presque partie d'un autre voyage, et revient en boomerang jusque dans le cartilage caché sous le lobe. Tant pis, je ne veux me préoccuper que de mon retour fracassant parmi ces gens. Valise ouverte sur mes pieds, je choisis des vêtements propres pour remplacer mon chemisier raidi de bile séchée, le col suintant la pommade, ma jupe tachée et mes collants filés. J'ai emporté une robe qu'on peut qualifier de spéciale, noire et verte et blanche, une robe qui pourrait également être jugée grotesque. Mon souhait est précisément là : non pas être vraiment grotesque, mais assumer le risque de l'être. Je vais affronter le monde dans cette tenue-là, protégée par mon sourire d'autrefois, comme un enfant à pied bot s'élancerait, confiant, dans un square grouillant de jeunes princes athlétiques.

Dans les toilettes, brinquebalée entre lavabo et cuvette, j'ai vu le visage jaune sous les néons, j'ai vu les lèvres gercées, les traces de larmes sur les joues, j'ai bien reconnu le bandage sali écroulé sur le front. J'ai tout enlevé, tout, même mon slip renfrogné, et j'ai lavé morceau de peau par morceau de peau, rincé mes cheveux, en évitant l'endroit décollé du cuir chevelu. J'ai passé du temps face à la glace pour identifier cette figure, suivant du doigt les chemins d'une circulation sanguine laborieuse. J'ai oublié mon âge plusieurs fois déjà, on me le rappelle régulièrement et je l'oublie à nouveau ; c'est un âge qui m'avait paru, la dernière fois qu'on m'en a parlé, sans signification particulière, l'âge de rien. Il y a tellement longtemps que j'ai commencé de vieillir, il me semble que j'avais huit ans, environ.

Des gens secouaient la poignée de la porte malgré le rectangle rouge ; les cahots du train me tremblaient fesses et joues, des feuilles de papier hygiénique cheminaient, portées par les trépidations du sol, et mon estomac se noyait sous les chasses de salive ; mais j'ai pris mon temps. Pour ignorer les frissons, les vaisseaux étoilés, la brèche d'une dent, les pulsations douloureuses de l'oreille. Pour me composer l'air d'avoir tout choisi, malgré le muscle minuscule tressautant sous ma paupière. J'ai passé la robe verte et noire et blanche, et puis un slip propre. J'ai enfilé les chaussures assorties, noires, à talons et à lanières, pleines de difficultés. Il restait moins de deux heures de voyage, je voulais être tout à fait pimpante pour l'arrivée. De l'autre côté de la cloison, à quelques centimètres mais invisibles, deux personnes se sont mises à parler, deux voix très nettes et si proches qu'elles m'ont fait sursauter. Une femme insistait :

— Quand même, il a bien dû se rendre compte qu'on avait les mêmes goûts, lui et moi, non ?

Un jeune homme répondait :

— Ouais, sûrement !... Je sais pas...

— Ben, comment ça : tu sais pas ?... il ne t'a rien dit, enfin sur... moi ?... des fois, vous parlez bien des filles qui lui plaisent, de ce genre de trucs, non ?

— Oui, des fois, on parle de ça...

Boulette de vêtements sales sur un bras, sac à main au bout de l'autre. J'ai ouvert la porte, je suis apparue. La jeune fille, appuyée d'une épaule au chambranle, souriait avec une décontraction forcenée à un jeune homme moins aguerri dans l'exercice. Ils m'ont détaillée mécaniquement en parlant, en une seconde, sans me voir pour autant.

La fille s'accrochait toujours, la pudeur en vrac :

— C'est un peu ma question, justement, par rapport à moi... tu vois ?

Elle a pouffé de gêne. Le garçon a pouffé pareillement, traqué :

— Je peux pas te dire... Franchement c'est difficile...

— Tu peux pas me dire ? C'est quand même plus facile pour toi !...

Faisant mine d'étudier une carte murale plastifiée du réseau des chemins de fer, dos au garçon mais dans le périmètre vital de la jeune femme, je les écoutais encore, je les reniflais, et détaillais par coups d'œil leurs vêtements tellement adéquats, et son grain de peau à elle, apparent sur une nuque idéale, un grain fin et dédaigneux, et ses épaules à lui, une présence large mais souple, un truc évident selon eux certainement, des non-sujets de préoccupation.

La fille s'est ressaisie, a décidé de quitter son impasse :

— En tout cas, la soirée était vraiment bien... j'adore ce genre d'ambiance, y avait que des gens top !...

Le garçon a bondi sur l'opportunité de changer de ton :

— ... ouais, vraiment top ! Mais tu sais, tous ses amis sont comme ça, il a méchamment le sens des gens à inviter !

Alors, d'un demi-tour je leur ai fait face, appliquée à m'adresser aux deux à la fois, attrapant tour à tour le regard de chacun :

— C'est comment, une soirée vraiment bien ?... Juste pour savoir, hein ?

J'ai fait exprès de ne pas m'excuser, mais j'ai souri très fort. J'ai fait exprès de ne pas me présenter, j'ai écarté les bras pour me montrer entière (vert, noir, blanc).

La fille a souri, amusée, spectatrice. Les pieds du garçon bougeaient sur le sol, il suivait ce mouvement des yeux.

J'ai insisté :

— Hein ?... c'est seulement une question !...

Une tête s'est tournée vers nous parmi les passagers proches de la porte. A cause de mon oreille bouchée, bien sûr, j'avais parlé trop fort. J'ai repris plus bas, un chuchotement énorme :

— Non mais, c'est comment "une soirée bien" ? Dites-moi simplement, comment vous décririez ça ?

Le jeune homme s'est redressé, prêt à s'élancer vers n'importe où, il a marmonné vers la fille :

— Tu viens, on y va ?

Elle l'a attrapé par la manche en souriant, lui donnant une leçon de maîtrise :

— Attends un peu ! Ecoute !...

Il a croisé les pieds, s'est rentré les lèvres dans la bouche, l'œil fixe.

J'ai parlé de la corniche de l'armoire, du morceau de bois biseauté impossible à reclouer, je ne sais pas pourquoi. Je ne me souviens pas que j'aie voulu délibérément leur en parler, je n'ai pas eu le temps de le vouloir. Je leur ai demandé s'ils savaient comment recomposer un angle avec deux baguettes, et je traçais un schéma de mon index droit sur ma paume gauche, quand la fille a subitement crié vers son copain :

— Je sais ! Ça doit être une animation SNCF ! Mais si, hein madame ? Vous faites une animation ?

Verte, noire et blanche, avec une fleur cousue entre les seins, et des surpiqûres, et les chaussures noires.

Le garçon s'était planté face à la vitre de la portière, les mains accrochées aux poches par les pouces. Plus jeune, on avait dû lui faire pratiquer le rugby, le water-polo, ou le hockey sur glace. Un sport pour apprendre le sens de l'affrontement, la retenue en cas d'échec, l'esprit d'équipe, toutes notions restées floues, sans application directe, sauf la posture des pouces accrochés aux poches, genoux souples, épaules basses en réserve. Elle, son amie, avait appris de sa mère comment montrer qu'on a tout en gardant l'air de rien, comment se tenir sous l'ombre d'une varangue en observant ceux qui brûlent vifs sous le soleil, et rester sur cette fine lisière, le bout des doigts de pieds exposé à la chaleur, mais la nuque baignée de fraîcheur.

Je me suis tournée vers la porte d'accès aux sièges du compartiment, la jeune fille a essayé de me retenir, sans méchanceté :

— Mais madame… Non ? C'est pas un truc comme dans les clubs de vacances ?

La porte du compartiment s'est ouverte, un homme est passé, indifférent, son corps positionné afin de ne pas heurter le mien. Alors je me suis éloignée, j'ai déposé le tas de vêtements souillés sur le siège voisin, avant de me glisser à ma place. A l'ami roux qui sursautait au bruit de mon retour, un œil par-dessus son épaule, j'ai tiré la langue très fort jusqu'à avoir mal dessous, jusqu'à ce que la salive coule sur mon menton.

Maintenant Cheveux de soie doit dormir, enfoncé dans son siège. Peut-être aussi s'est-il tassé pour mettre à l'abri ses mèches mobiles et brillantes, algues brunes dans le soleil. Je les regarde un moment et m'aperçois que j'ai très envie, à défaut de les empoigner, de souffler dessus. Un peu d'air chaud sur ces touffes dressées, je suppose que cela les ferait bouger joliment, je voudrais le voir pour en être sûre.

Mon estomac minuscule et brûlant comme une comète furieuse m'ordonne de me lever et de rejoindre la voiture-bar. Une fois debout, je suis bien obligée de remarquer que les cheveux de soie se trouvent en contrebas, ce qui me place en position idéale pour souffler dessus. L'homme a les genoux coincés contre le dossier devant lui, les bras croisés sur l'abdomen, menton sur la poitrine, yeux clos. Son ami s'applique à scruter l'au-delà de la vitre. Il fixe sans la voir la fin de la ville que le train longe, rase, entoure. Au-dehors, un rectangle de béton coupe une dalle traversée par un autopont qui surplombe une chaussée à double sens surmontée d'un terre-plein orné d'un massif de bégonias autour duquel les véhicules tournent, longeant des panneaux de signalisation intercalés entre des enseignes publicitaires au pied de bâtiments industriels de ciment brut, accolés aux façades métalliques d'hôtels dont les fenêtres à doubles vitrages s'alignent, rouges et jaunes ; puis subitement commence un champ en friche, désert. Les yeux clignent et le regard flotte après tout ça, après la bagarre des angles droits et des lignes interrompues. La pupille cherche mollement le bout du champ et c'est un repos de ne pas le trouver, la fin de la terre se fond dans des bosquets, mais l'œil prospecte encore pour deviner les arbres de la forêt, et puis lâche la mise au point, et s'ouvre, se contente de laisser entrer la lumière, absorbe paisiblement les brillances et les clartés. Une fraction de seconde plus tard, un premier plan surgit au ras de la vitre et jusqu'au ciel, quelque chose qui éteint tout ; c'est le mur d'enceinte d'une fabrique désaffectée, une bâtisse haute et couverte des lettres géantes d'une marque ou d'un slogan qu'on n'a pas le temps de lire. Les rails, à cet endroit, permettent à nouveau une vitesse maximale.

Je baisse les yeux sur les joncs doux et noirs qui couvrent si bien le crâne de l'homme endormi qu'on n'en distingue pas la peau ; même de tout près, le gras du cuir blanc reste invisible. Je hume sa forêt adulte, dense, celle-ci ne sent pas le pourri ni le rance, non, plutôt un parfum de friction à l'eau-qui-sent-bon, une senteur saturée de fleurs, finalement assez écœurante. Les lèvres en rond, paupières à mi-chemin, je souffle sur les épis : ils s'écartent en paquets et se couchent ; alors je souffle moins fort, en balançant la tête, je me fais brise d'été orageuse pour obtenir l'ondulation rêvée des mèches.

Joli roux voit dans le reflet de la vitre que je suis penchée sur son ami. Il sent mon souffle venir mourir à la lisière de son propre cou, mais il refuse de céder et s'arc-boute tout entier sur sa main ouverte ; elle se pose sur la vitre du bout des doigts bien écartés, libellule d'été sur une flaque saumâtre.

Une petite fille debout à l'envers sur son siège, à quelques rangées devant moi, demande assez fort :

— Qu'est-ce qu'elle fait, la dame ?

Un début de remue-ménage happe la fillette qui disparaît derrière le dossier de son siège. Sa mère répond sûrement qu'il ne faut pas se mêler, pas demander, baisse ton doigt, ne suis pas du regard. C'est une première leçon, d'autres suivront. Encore quelques années et la mère pourra lire paisiblement durant tout le trajet, car la jeune fille désormais silencieuse s'occupera d'aspirer entre ses dents les particules d'hommes flottant dans l'air, raclera des ongles son pantalon étroit, les reins creusés d'énervement. Les heures du voyage la chargeront en électricité jusque dans les cheveux, elle les balancera le soir même au-dessus du repas de famille, juste après la découpe du gigot, à cause d'un cousin germain assis là-bas en bout de table, suant de désir. Oui, bientôt les voyages en train seront plus calmes, la mère n'aura qu'à jeter de temps en temps un œil par-dessus son livre, sur cette fille qui lève et gonfle comme un gâteau, avec la même odeur âcre et sucrée. Puis elle pourra s'assoupir, rassurée.

Le dormeur aux cheveux de soie simule certainement le sommeil. Je me secoue : Assez soufflé dessus, Marthe, ce sera suffisant, redresse-toi. Il a toujours été clair que volonté ne devait pas devenir caprice, ni s'exercer sur des choses qui ne soient pas indispensables. Tu aurais pu te laisser aller à lui masser les globes oculaires par-dessus ses paupières fermées, mais tu t'en es tenue au strict nécessaire ; les actes mesurés, tu le sais, ont bien plus de portée.

Maintenant, je dois réussir à me détendre un peu, et me nourrir. Le mot *voiture-bar* annonce un espace riche de promesses, de rires vrais, d'humains aux paroles limpides, faciles à comprendre.

Le train s'engage dans une descente, je dois remonter les wagons à contre-courant. A chaque pas, la butée de la hanche contre un appuie-tête, avec l'écho du sac à main qui cogne une seconde plus tard, arrivé au bout du balancement de l'anse. Les mains en pare-battage, la hanche, le sac, emportés à droite de pas en pas, l'épaule crispée dans mon cou pour retenir le sac. Je sens mon tympan vibrer, peau tendue en plein vent entre deux troncs d'arbres géants. Je note qu'aucune de ces personnes que je bouscule, qui passent la main sur leur crâne dans un réflexe de protection, aucun de ces passagers certainement agacés ne me demande si je fais partie d'une animation SNCF. Je le note, et ma robe redevient bien verte, bien blanche et très noire, et je demande pardon sincèrement pour chaque cognée, mais je souris à des visages muets, étanches, vidés. Il semble impossible que ces créatures respirent. Ce wagon est-il réservé aux compétiteurs d'un championnat d'apnée ? Il faudrait mettre mon miroir de poche aux lèvres de ces spectres, vérifier qu'il se couvre de buée. Seul un vieil homme, ici, est vivant à coup sûr, un vieux reste d'homme qui appartient pourtant tout à fait au monde. Ses yeux baignent dans de l'eau trouble, sa bouche ne ferme plus, mâche les secondes pour les retenir, mais tout son visage explore et sourit. Entre ses jambes maigres, j'aperçois une cage en fil de fer, une cage à oiseaux, posée au sol. Ses mains couleur de compost en couvrent le toit, je tends l'oreille : pas de pépiement. Alors que je progresse dans la travée, le vieux est le seul passager à lever son regard jusqu'au mien, et il semble moins me découvrir que me reconnaître. Est-ce que je ressemble à quelqu'un dont l'avenir tiendrait dans une poche de veste, dans un dé à coudre ? Le sien logerait sous son ongle. Ce vieux déjà en préavis, s'amuserait-il de me voir aussi proche que lui de la dernière décision à prendre, fermer les paupières soi-même ou laisser l'infirmière le faire ? Léger et vif, il cligne d'un œil alors que je prends appui sur son accoudoir, son chuchotement me caresse le dos :

— C'est un train qui ne veut pas qu'on avance…

Je me propulse à travers les derniers mètres qui me séparent de la voiture-bar.

L'homme derrière le comptoir, c'est Serge ; c'est inscrit sur son badge. Je lui demande quelque chose de léger, une salade composée. Malgré mon appétit je veux seulement un en-cas, car je sais que ce soir, dans la maison de mon père, passé la surprise et le contentement de mon arrivée, il me préparera un solide repas, il ouvrira une bouteille, meilleure que celles de son quotidien. Il cuisinera en marmonnant, assis de biais à côté de la cuisinière, sa chemise tachée tendue sur son énorme estomac. Il décidera seul du plat mais il confectionnera quelque chose que j'aime, une omelette aux pommes de terre et à la ciboulette, ou bien des pâtes à la viande hachée, il épluchera, cuira et touillera en faisant semblant de râler de ne pas avoir assez de provisions. Il partira à la cave, boiteux et le dos rond, en remontera les trois marches d'un pas triomphant, avec un panier plein de bocaux et d'herbes, de charcuteries enroulées dans des vieilles nappes déchirées, brodées aux initiales de sa mère.

A l'heure qu'il aura choisie et même si ce n'est pas celle du dîner, il posera sur la table une cocotte ou une poêle fumante, ne me servira pas, me laissera me débrouiller en suivant chacun de mes gestes. Il aura passé une chemise propre, ou moins sale, après s'être douché à l'eau de Cologne.

Il aura mis le couvert dans le petit salon qui jouxte sa chambre au rez-de-chaussée, les deux seules pièces où il vive réellement, de toute la grande baraque. Il sera assis de l'autre côté de la table, de biais encore, à cause du ventre, et parce qu'il est toujours en nage et n'aime pas se sentir collé aux choses. Il n'osera pas ouvrir la fenêtre comme il l'aurait fait, seul. Il ne mangera pas.

Il surveillera la portion que je me servirai, mais sans commenter, et quand j'aurai goûté et commencé de manger vraiment, goulûment penchée au ras de mon assiette, quand il entendra mes mâchoires s'activer et claquer, le bruit de ma déglutition déjà impatiente de la bouchée suivante, alors il hochera la tête, et sa bouille se fendra comme seulement les ciels de nuages s'écartent parfois. Un sourire immense et muet envahira sa figure de toujours-vivant, ses yeux bienveillants diront eux aussi à quel point il est content. Il ne s'en souvenait plus, mais de me voir attablée chez lui, ça lui revient : Cette idée de tenir le coup encore un peu était une fameuse idée !

Quelle fête ! Et on saura que c'est un moment de joie sans que cela veuille dire que des tas de gens rient ou qu'on entende des applaudissements ni quoi que ce soit d'autre.

L'air de la maison se réchauffera et pétillera, et les deux souris pensionnaires de sa chambre, Gudule et Artémise, s'aventureront dans le petit salon pour danser le long des plinthes. Je pourrai m'endormir, repue, roulée en boule au pied de sa chaise, il restera assis de biais, à tirer sur sa chemise pour se faire de l'air, sans bruit, attendant que je me réveille.

Oui, je roule vers sa trombine de génie merveilleux jailli d'une lanterne magique, malgré les dents qui manquent, celles que je lui demande sans cesse de se faire remettre. Il n'a jamais voulu se rendre chez un dentiste, il ne le fera jamais, mais je sais qu'il trouvera formidable l'idée de ma nouvelle vie, l'histoire des décisions bien à moi, le voyage du poulpe.

Il y a peu de monde à la voiture-bar. Nous sommes mardi après-midi, les gens sont là pour leur travail. C'est quelque chose, ce travail : ils en parlent et sont habillés pour ça et ne voudraient surtout pas avoir à prendre ce train pour une autre raison, et encore moins ne plus avoir à faire ce genre de voyage. Ils veulent en être, ne pas juste supporter le boulot mais l'incarner, et les voici avec ce costume, et cette coiffure, cette sacoche, certains attendent et espèrent que les collègues leur trouveront un surnom spécial, un diminutif inspiré de leurs initiales.

Près du comptoir derrière moi, deux femmes accoudées à une table ronde : Femme pointue parle, et Pelure de pomme de terre couine. Les savoir là me requinque, mes membres réinvestissent ma robe et mes pieds revisitent mes chaussures, je tente de me recoiffer avec les doigts. Electriques du côté droit, mes cheveux sont encore collés sur ma gauche par les derniers suintements de ma plaie. La blessure n'est pas sèche, mais le tympan attire toute l'attention et me l'a fait oublier. Pelure me reconnaît, elle agite ses yeux dans les trous prévus pour, elle marmonne un mot à Femme pointue. Oui, Pelure parle tout bas, de sa bouche sans lèvres, creusée au-dessus d'un menton rond et rosé comme une pomme vapeur. Puis Femme pointue me reconnaît à son tour, et c'est un moment particulier, casse-figure et vicieux comme une marche moussue : il lui vient une moue lumineuse, une expression à mi-chemin du sourire et de la grimace. Ça me fait quelque chose, ce n'est pas si évident à vivre, alors d'instinct, je me retourne vers Serge le serveur, occupé à désolidariser deux barquettes de plastique. Sur la paroi du wagon, des fours à réchauffer les croque-monsieur, un présentoir à journaux, des vitrines réfrigérantes aux clayettes pleines de salades composées en barquettes, et des croque-monsieur. Une nouvelle volte-face vers Femme pointue et Pelure, pour vérifier que la mimique était voulue, qu'elle m'était adressée. Je n'en étais pas sûre, mais si, Femme pointue soutient bien mon regard, face à moi en plein, avec son visage découpé dans un profil. Un peu assouplie par la curiosité, elle soulève les arcs des sourcils et demande :

— Vous allez mieux ?

Sa voix n'est pas ennemie, Marthe, m'entends-je penser. Elle tapote sa tête de la main, illustrant la question.

Quelque chose en moi s'élargit, Femme pointue est au seuil du monde et m'y invite, j'étire les ailes du nez : C'est le moment, allez ! Je m'approche et tends une main, qui reste suspendue dans l'espace, pile entre les deux femmes. Aucune n'ose la serrer. Pas grave, le poulpe est toujours à bord, tout est bien, malgré ma main trempée dans le vide, et malgré l'écho des mots, *animation SNCF*, qui résonnent à mon oreille valide. Le train avance dans le monde et je suis dans le train. Je le vérifie en claquant mes talons l'un contre l'autre, pour le plaisir de ce bruit. Je m'écrie : Flûte !, car j'ai donné un coup de genou dans le maigre pied central de la table. L'idée d'exister me rend souvent nerveuse, c'est cependant toujours passager. Le pied vacille, le plateau tremblote, et un gobelet de café se renverse. Pelure et Femme pointue se reculent, déjà un filet de jus brun coule jusqu'au bord du plateau puis goutte à terre, rebondit sur les chaussures molles et plates de Pelure, un genre de mocassins confortables à semelle de crêpe.

Je leur présente des excuses, mais elles sont occupées à suivre la flaque des yeux ; j'en profite pour répondre à la question de Femme pointue sur ma blessure :

— Oui, ça va beaucoup mieux ! Oh, ce n'était rien, d'ailleurs ça ne coule presque plus.

La nappe de café s'est stabilisée. Le fin rebord du plateau contient les quelques millimètres d'épaisseur du liquide. Toutes les trois, on regarde ça. Femme pointue, tendue, reprend le fil :

— Votre bandage était impressionnant, en tout cas… Nous n'avons pas vu l'accident avec la porte, ce sont des gens qui nous l'ont raconté, tout à l'heure. C'est terrible, ces portes automatiques !…

Elles ont donc écouté le récit de quelqu'un qui avait vu et qui a eu envie de raconter, et je manque de m'écrier : … Marthe ! Des gens ont vu et ont raconté !... Portée par l'empathie d'une Femme pointue dépliée, je me lance :

— C'est à cause de ma maudite oreille bouchée, la droite, et du coup je me sens en permanence comme déportée sur la gauche !!

Pour illustrer, je penche mon corps, je me plie carrément parce que sinon c'est moins probant il me semble ; et pour ne pas tomber, je prends appui de ma main gauche sur la table, on entend bong. La flaque de café, jusque-là sagement étale sur le plateau, se ramasse en vague puis déferle, et la minuscule lame de fond s'abat sur Pelure, mouille la jupe informe, les collants opaques à maille épaisse, la fonce tout entière d'un demi-ton.

Femme pointue accourt, éponge, la tamponne, et moi je fais les mêmes gestes mais sur la table, pas encore mûre pour toucher la matière de Pelure, même au travers d'un papier absorbant. Femme pointue essuie énergiquement la jupe de Pelure, qui reste figée mains en l'air et genoux fléchis, le tissu gouttant tendu entre ses jambes.

J'essaie le conseil ménager. Ce n'est pas une bonne idée, mais il faut bien participer :

— Oh là là, je suis désolée... Votre jupe... il faut peut-être éviter de trop frotter, ça va l'éplucher...

Pelure soulève un sourcil maigre et inquiet.

— Je veux dire, ça pourrait pelucher, voilà : pelucher, faire des boulettes... de laine ! voyez...

Femme pointue se redresse, mine exténuée, l'éponge sale dans une main.

— Bon... oui... ça va comme ça... On arrive dans une heure... tu te changeras, et puis voilà.

Pelure ne dit rien, regarde sa jupe. Elle a un air animal, mais je ne pense pas qu'elle pourrait vraiment nous faire du mal ; je ne la vois pas mordre, par exemple.

Un cri :

— La salade composée !

Ma salade en barquette est posée sur le comptoir. Serge me tend une serviette en papier avec, enroulés dedans, une dose de sauce sous plastique et des couverts en plastique blanc. Il attrape mon billet entre deux enfournements de croque-monsieur, sa tête passe au ras des portes des fours. Il se baisse pour attraper des choses sous le comptoir, se relève, habile, habitué, un croque-monsieur, un four vide, hop. Le tiroir-caisse rebondit contre sa paume, d'une main il y farfouille, mon billet entre l'index et le majeur, comme une cigarette. Il fait un signe d'impuissance en levant les sourcils, je réponds de la main avec un doigt en moulinet : pas grave, plus tard. Je veux ainsi lui dire que je suis flexible, détendue, confiante. Il parle sans me regarder, les mains repoussent le tiroir, déjà occupé par d'autres clients :

— J'vous fais signe dès que la monnaie rentre !

La couverture d'un magazine en vente près de sa caisse montre l'homme qui a tenu quarante-quatre jours enfermé nu dans un bocal, exposé à Central Park. Ses ongles de pieds sont très longs, la photo a dû être prise durant les derniers jours ; je renonce à partager mon observation avec Serge.

Les mains pleines, salade, serviette, je me remets en route pour la suite, pour ce qui frémit là et m'attend. Les vibrations du train à pleine vitesse s'ajoutent au trépignement de ma détermination, je vais enfin approcher les bestioles, leurs mots, leurs bruits et leurs chansons, soulever des couvercles. Puisque mon slip a déjà vrillé, je peux allonger le pas vers les aventures de ma nouvelle vie, j'y vais, je m'embarque, sous peu j'accosterai !...

Mes deux nouvelles amies ont changé de table.

Femme pointue a posé une bouteille de jus d'ananas et un gobelet sur une table propre ; elle ne me fait pas signe de la rejoindre, ne se détourne pas non plus. Elle lutte, à l'évidence ; comme moi, elle lutte, mais dans l'autre sens. Autour d'elle, chaque chose est placée, stable et connue, sauf moi ; je lui fais l'effet d'un courant d'air désagréable sur la nuque, un filet froid et sournois venu d'on ne sait où. Elle me scrute pour voir si je ne suis pas ce vasistas laissé ouvert, elle enquête à l'instinct, par reniflements discrets. Tandis que, moi, je nage, j'ondule et me déploie. J'ai toujours apprécié de claquer du talon, mais désormais, dans ma nouvelle vie, j'ondulerai principalement. J'évolue dans une nappe intermédiaire, un entre-deux-eaux tiède coupé de zones glaciales. Ayant identifié la paroi rocheuse, le relief plein d'anfractuosités que promet Femme pointue, je voudrais y mettre les doigts et tâter et regarder. La distance entre nous augmente ou rétrécit au gré de la houle lente des grands fonds, mais, globalement, je m'approche. Elle est à deux tables tout au plus.

Je me répète : Considère que c'est une évidence, Marthe. N'envisage pas ton objectif comme une simple possibilité mais comme un avenir certain, et cela deviendra naturel pour tout le monde ; tu la rejoins. Pose les avant-bras sur la table, sans lâcher tout de suite la serviette ni la barquette. Offre-lui un sourire avec la volonté expresse de lui offrir un sourire.

Femme pointue me délivre une information :

— Mon amie est partie aux toilettes se rafraîchir… En fait, c'est ma belle-sœur, Marianne.

— Ah oui ? Je suis encore désolée, pour le café…

Elle croise les mains, observe les miennes crispées sur la barquette de salade. Elle mijote dans une sorte de concentration, comme quand on guette un signal auquel il faudra déguerpir.

Autour de nous, les hommes habillés en hommes qui travaillent se tiennent comme des hommes qui sont en ce moment même, là, en plein travail ; ils consultent leur ordinateur portable ou discutent avec un autre gars en plein travail. Le fait que certains n'aient pas de cravate n'y change rien. On voit bien que de toute façon ils maîtrisent le port de la cravate, à tel point qu'ils s'autorisent parfois à l'enlever et à la mettre dans la poche, le temps du trajet en train par exemple. Ils sont prêts à la remettre, ils sauront quand ce sera le moment, ils font ça sans y penser.

Il y a aussi une femme debout à une table, la seule à part nous trois, habillée en femme qui n'a pas besoin de travailler, quoique cela puisse être une conclusion hâtive.

Parfois, un homme, occupé à articuler une phrase dans laquelle chaque mot est choisi, bouche ouverte, main levée pour accompagner l'idée qui flotte là, dans l'air au-dessus de ses yeux, parfois cet homme fait tout à coup entrer la femme qui n'a pas besoin de travailler dans son champ de perception. Sans le vouloir. La femme subitement se découpe en trois dimensions sur le décor, et sa bouche devient distincte, le renflement des lèvres, la texture de la peau plus ou moins pileuse, il y a aussi ses doigts, elle tripote un crayon, ou un cheveu tombé sur son épaule. L'homme ne parle plus, il produit un son : hèèèè, comme s'il cherchait un mot, et puis plus rien ne sort, sa langue fait des allées et venues sur la crête de ses dents, bouche ouverte toujours. C'est un moment difficile pour son interlocuteur, qui trouve la posture laide et gênante, et se sent abandonné.

Parfois c'est une femme qui fait entrer l'homme dans son champ de vision, mais elle n'était pas en train de parler à ce moment-là, et elle ne passe jamais la langue sur ses dents, bouche ouverte.

Tandis que Pelure apparaît derrière la porte vitrée coulissante, j'offre ma question à Femme pointue :

— Vous êtes en déplacement professionnel ?

Et puis je corrige vite, à cause de ma nouvelle vie, dans laquelle je dis exactement ce que je veux dire :

— Je veux dire, pour quelle raison êtes-vous dans ce train ?

Femme pointue suit la prudente progression de Pelure vers nous :

— Nous allons au mariage de mon neveu, il a choisi de faire ça dans un village de la vallée. C'est après-demain, alors nous aurons un peu de temps avant pour voir la famille, nous aérer.

Je pose ma serviette, qui s'ouvre et laisse échapper les petits sachets en plastique et en papier.

Pour parler à Pelure, Femme pointue place sa voix un ton plus haut :

— Ça va Marianne ? Alors, ces dégâts, fais voir ?

En réalité elles gardent le regard figé sur mes mains, sur ma barquette prisonnière de mes paumes. Je prends une voix guillerette, une voix pleine de foi, un vrai credo. Ce ton enjoué, c'est une déclaration de principe, que nous ne sommes pas si laids, qu'il y a parfois des moments de grâce avant le début du pourrissement, que je veux y croire. Ce vibrato des cordes vocales, c'est ma signature au bas du bulletin d'adhésion à la possibilité d'un dialogue entre humains : j'y souscris, je signe, mais ma main tremble et mon stylo bave.

— Et du coup… vous avez pris un peu de congés ?

La question semble immédiatement obscène, autant que : Etes-vous concernée par l'incontinence ?

Je m'accroche à ma barquette et laisse passer la sensation.

Pelure hoche la tête sans lâcher ma salade des yeux :

— Oui, oui, bien sûr…

Le ton est trop évasif. C'est à peine une réponse. J'ai peur d'avoir précipité une rupture, je sens les deux bestioles s'évader, il faut absolument qu'elles me reviennent, qu'elles lèvent le nez de cette barquette.

Soudain, au bout d'une longue inspiration, Femme pointue attrape en elle quelque chose qui la réanime et la ramène à moi ; elle commence à expliquer qu'elle ne travaille plus depuis quelque temps, qu'elle a été licenciée d'une petite société ; ce n'était en fait pas trop grave, son mari travaille encore, et son fils passait à ce moment-là son bac, cela lui laissait du temps pour l'aider à réviser…

Je relâche tout. Enfin, elle me parle. Elle s'intéresse à ce qu'elle raconte, elle s'applique ; je profite de ce répit, j'écarte les mains de ma barquette. J'ouvre précautionneusement le sel, le poivre, concentrée, à l'écoute, et tout à coup nous sommes un groupe autour d'une table, un groupe constitué. Des gens pourraient dire en parlant de l'une de nous : tu sais, celle qui était avec les deux autres.

Femme pointue parle, les grognements réguliers de Pelure rythment l'échange des mots, voilà, nous discutons ; du moins Femme pointue raconte, concentrée sur sa chronologie, et moi j'émets des commentaires flous auxquels elle prête peu d'attention ; une vraie conversation. Marthe, tu t'approches, tu y es, plus qu'à te pencher, vas-y ! Je plonge les mains avec enthousiasme sous le couvercle de Femme pointue, sans peur, j'étends les bras bien profond, mains ouvertes et confiantes qui brassent et fouissent, au passage je peux humer le fumet de Pelure, elle aussi est si proche maintenant. Plus Femme pointue raconte, et plus je touille, je vois les veinules de son cou gonfler et ses bajoues rosir, j'oublie que ces deux-là ont sûrement prévenu le contrôleur que j'avais vomi, tout à l'heure, je décide de pardonner, de comprendre. Tout est si ouvert et vaste, le train vrombit, je pourrais vrombir aussi, et je me moque de savoir que, bientôt, Pelure, Femme pointue et moi aurons atteint le même stade de putréfaction.

Pour l'instant, mes tentacules se déploient avec aisance, silencieux et sûrs, les particules d'air s'écartent autour des volutes dessinées par mes brassées. Je saupoudre la salade de sel et de poivre ; avec d'amples arrondis du coude, j'entreprends d'ouvrir le sachet de sauce vinaigrette, sans cesser d'écouter Femme pointue. Je ne la touche pas, pour ne rien compliquer, il faut choyer l'embryon de confiance ; pourtant, l'envie est si forte qu'elle me pince : j'aurais bien mis un doigt dans son oreille.

Derrière moi, Serge reformule les commandes, accueille les clients et recompte la monnaie d'une même voix mécanique. Sans absence ni distraction, au contraire, il est bien là parmi ses instruments. Le claquement des portes des fours assure une ligne de basse, le chant est fourni par les tintements des minuteurs de cuisson. La porte du réduit à poubelle, sous l'évier, complète la rythmique grâce à son fermoir aimanté, et la machine à laver pour collectivités, à grande contenance et cycles courts, fredonne en contrepoint, cymbales feutrées, tandis que le petit choc répété des verres ou des pièces de monnaie ajoute la touche joyeuse du triangle. Serge, visage carré impassible au-dessus de son badge rectangulaire, mène tout son orchestre, en aventure dans le répertoire.

Moi seule, j'entends bien leur partition, et Femme pointue aussi et peut-être même Pelure, épluchure pourvue d'oreilles. Mais nous trois ensemble, ramassées bien au chaud et causant, nous le remarquons à peine, le Serge. Nous maintenons la musique en sourdine sous nos propos, les sons sautent par-dessus le comptoir et rebondissent jusqu'à nos genoux, jouent dans nos jambes comme des enfants turbulents, sans vraiment recouvrir ni interrompre les phrases. Serge est notre pianiste de bar, mais, nous, nous discutons sereinement de questions importantes ; nous sommes Roosevelt, Churchill et Staline en train de se partager le monde, et l'un des trois porte un large slip vrillé en un tortillon qui lui encombre la raie des fesses.

Equitable dans mes questions, pas mesquine, je demande à Pelure si elle a un emploi.

— Oh oui, oui ! affirme avec détermination la dame sculptée dans le féculent.

Femme pointue complète :

— Ah ça, Marianne elle est bien, elle… Elle est dans une grande société, oh là là, pas de souci, non… C'est une bonne place, faut pas en bouger, hein Marianne ?

Pelure confirme fermement :

— Oh non !

Je poursuis ma quête :

— Et c'est quoi comme société ?

Impossible d'entailler le sachet de sauce malgré mes ongles renforcés par la couche de vernis mordoré. Je triture et gratouille le plastique, je cherche le point d'insertion à l'un des angles du sachet, ou les pointillés prédécoupés.

Pelure s'embarque bravement dans une réponse :

— Oh, une grosse, ils fabriquent des… équipements pour les… industries…

— Oui, renchérit Femme pointue, des équipementiers, des gros…

— Une quiche de la mer et un quart Badoit ! psalmodie Serge, muezzin de la restauration rapide. Treize euros vingt ! treize vingt, et vingt qui font quarante et dix qui font cinquante et cinquante font quatorze euros, et un quinze, merci monsieur !

Elles ont le plus souvent les yeux sur mes mains, sur le sachet de sauce que je tourne et retourne et ne parviens pas à encocher. Je l'encourage :

— Et vous y faites quoi, alors, dans cette grosse société ?

— Oh, je suis à l'administratif… dit Pelure qui commence toujours par un Oh, c'est sa prise de souffle, son tremplin.

— Non mais tu y es très bien, Marianne, faudrait pas en bouger ; bonne mutuelle santé, bons horaires…

— Oui, fait Pelure dans un élan d'audace. Par exemple ce matin, je suis partie à onze heures mais on ne m'a compté qu'une demi-journée de RTT.

Elle offre à sa belle-sœur un sourire de miraculée, et Femme pointue opine de l'angle aigu de son nez.

Il me faut alors arbitrer, et vite, entre deux volontés : en savoir plus sur la grosse boîte, creuser l'affaire des équipementiers, cuire Pelure dans sa peau après l'avoir farcie de ses Oh ! Ou bien tirer sur le fil qui dépasse de la bouche de Femme pointue, faire venir l'histoire de la femme licenciée, du temps libéré pour s'occuper de son fils, du bac qui est maintenant obtenu, de la liberté qui est restée, de tout ce temps horriblement libre. Il faudrait tirer très doucement pour ne pas casser le fil, ni la faire régurgiter. Je dois décider entre les deux options, avant que la tension qui nous soude ne se disperse, et nous isole à nouveau.

Je m'engage à tâtons auprès de Femme pointue :

— Et vous, travailler ne vous manque pas ?

Elle marque un temps. J'ai si peur de la fâcher, ma bestiole, ma monstresse coupante, ma nouvelle sœur à gueule de guillotine. Bien au contraire, c'est ce moment qu'elle choisit pour me consacrer, là, en pleine voiture-bar ; elle m'offre une apothéose, une gloire, un adoubement. Sourire en angle droit, elle me confie :

— Figurez-vous que je réfléchis à une idée, à un concept d'objet que je voudrais commercialiser… Vous pourriez me donner votre sentiment, d'ailleurs…

Pelure se raidit, mais Femme pointue est en pleine forme :

— Quoi ? Ça t'étonne que j'en parle à madame ? Je pourrais avoir un avis, comme ça, un avis de femme ! Madame semble coquette… Au fait, je m'appelle Astrid, nous ne nous sommes pas présentées ! Voici Marianne, ma belle-sœur !

Elle me tend une main. Pelure aussi.

— Marthe, moi c'est Marthe.

Quel moment ! Les parois de la voiture-bar s'écartent pour me contenir, j'enfle d'empathie, et tout l'air du monde se règle automatiquement sur ma température. Des petits bruits partent de ma bouche, oui, ça doit être moi ces gloussements mouillés… Ainsi Femme pointue va soulever elle-même son couvercle et me donner à goûter une louche de sa mixture, elle veut connaître mon avis ! Je pourrais mettre le doigt, la langue dans son bouillon parfumé, lui demander pourquoi elle est comme ça, si laide et incompréhensible… Ma robe éclate de vert, de noir et de blanc, et mes talons de chaussure n'ont jamais été si hauts. Mon tympan sonne au rythme du big band de Serge, et mon estomac toujours vide produit une giclée de bile amère qui remonte la trachée ; je la tète au fond de ma gorge, comblée.

Point d'orgue : saisir le sachet de sauce par le bon angle. Sans tripotage inutile, coincer la pointe de plastique entre pouce et index, tirer de l'autre main, les ongles en pince fine. Le sachet s'ouvre sur un biais parfait, un entrebâillement luisant mais sans coulure. Femme pointue, Pelure et moi avons un petit rire de connivence, les yeux plissés et les épaules dans le cou. Un groupe d'humains, qui rient.

Et Femme pointue expose le projet du réfrigérateur à cosmétiques, sous la paupière fixe de Pelure supposée attentive, quoique sa mine soit aussi celle de qui retient un pet. Moi je veux l'écouter réellement, c'est difficile à cause des ailes de son nez, toutes proches, et de ses cheveux drus et gris, presque postiches. Je ne peux pas bien écouter les gens quand je les vois de près en même temps.

— … la réglementation sur la conservation des produits de beauté, les normes européennes d'hygiène et de sécurité, la défense des consommateurs : tout va dans mon sens ! Tout !! Comment ignorer ce formidable mouvement d'engouement pour l'hygiène, le froid, le congelé, la mort des bactéries ? C'est un créneau porteur ! TRÈS porteur !

Je me concentre, je veux être sûre de comprendre de quoi on me parle, vérifier en moi l'intérêt réel que déclenche cette idée, indépendamment du plaisir de la discussion. J'écarte toute influence extérieure, il me faut l'idée seule. Femme pointue pilonne :

— Vous êtes une femme coquette, je suis sûre que vous utilisez des produits de beauté, non ?

Voilà une chose déstabilisante ! Juste quand j'essaie de visualiser l'idée pure ! Quand je quémande en moi une réaction objective ! Ça grouille entre mes tempes ; les visions bondissent comme des diables à ressort, plus rapides que la pensée volontaire : Pelure, en peignoir beige, cheveux tirés, saisit un pot de crème dans son réfrigérateur. Des trois premiers doigts de la main, elle s'enduit la face d'un mastic beige qui la colmate. Mais plus elle appuie pour masser la matière de sa joue, plus la joue se creuse, plus les doigts enfoncent, elle se traverse d'une joue à l'autre, seuls les yeux de chien restent à leur place. Je dois revenir à moi, trouver les sensations qui peuvent naître du principe de vendre ou de concevoir un frigidaire miniature pour crèmes hydratantes. Quelque chose dans mon tympan tambourine, l'inflammation grignote un canal inconnu qui rejoint les dents.

— Franchement, vous pensez que vous pourriez… faire ça toute la journée ? Tous les jours ? Vous préoccuper de ça en permanence : vendre des frigidaires pour salles de bains… ? Je veux dire, c'est une idée commerciale comme une autre, ou bien c'est cet objet-là, précisément, qui vous plaît ?

C'est une prise de risque, mais, nouvelle vie oblige, je n'ai pas menti, j'ai tout dit. Il semble que j'aie un minuscule crédit depuis l'ouverture réussie du sachet de sauce, aussi j'en profite.

En attendant la réaction de Femme pointue, j'envisage enfin d'envoyer à mon estomac une première bouchée de salade, un petit à-valoir bien mastiqué sur lequel il va se ruer, le réduire en fumerolles dans des gargouillements de contentement.

J'ai réparti la sauce huileuse sur les volumes rouges, verts et jaunes de mon repas, et j'ai reposé calmement le sachet vide sur une serviette en papier. Je suis tout à fait fréquentable.

C'est d'un geste entier, assumé, libre, un geste accordé à ma robe et à mes chaussures que je plante ma fourchette sur une tomate cerise : elle se refuse. La fourchette bute dans un angle de la barquette, les yeux de Pelure et de Femme pointue sont rivés sur les trois dents de plastique blanc qui bondissent sur les aliments sans les attraper. Oui mais rien ne gicle, rien ne se renverse, alors je m'offre une parodie de rire inquiet :

— … ah ah !! Petite salade récalcitrante !!

Vivre dans la peur d'une éventuelle maladresse serait méprisable ; Pelure se fossilise, Femme pointue articule bravement :

— … C'est-à-dire que, d'après l'étude de développement et le *business case*, c'est un beau projet… J'ai fait faire des projections… par des spécialistes !

Pelure se craquelle :

— Oh ! Des spécialistes ? C'est vrai ?

Derrière nous, la voix de Serge, pleine d'autorité et d'expérience professionnelle :

— La monnaie de la salade !!

Femme pointue n'a pas l'air de trop m'en vouloir, pour ma question. Seulement, je n'entends toujours pas une vraie réponse, et je voudrais pourtant vraiment savoir. Je vais y revenir, je préciserai mon interrogation s'il le faut. Peut-être ne comprend-elle pas pourquoi je ne vois pas l'intérêt de vendre des frigidaires à crèmes. Je ramasse les pièces dans une soucoupe. Derrière moi, Pelure couine :

— Un buzinèsse quaize ?? Tu connais des gens qui font ça ?

— Ben, oui, Marianne !... c'était un peu cher, mais c'est très important de le faire. Et surtout : établir une matrice budgétaire !

— Une matrice ? Déjà ? Et Patrice, qu'est-ce qu'il en dit ?

Je remercie Serge d'un léger signe de tête, il s'agit de ne pas le déranger avec des mots en trop, il récapitule une commande, et je tiens à souligner ma discrétion. J'ajoute seulement un petit clin d'œil, complicité muette, tendresse du public envers l'orchestre, mais l'effort pour ne fermer qu'un œil sur deux déclenche une lancée de douleur dans l'oreille, et le clin d'œil finit en grimace.

— Quoi, Patrice ? J'ai payé l'étude avec mon Codevi, je ne lui dois rien !... Patrice n'est pas un homme de marketing... pas du tout !!

Serge lève un sourcil tout en vidant des déchets, il fait ça sans regarder la poubelle, d'une main. J'entame le retour vers mes amies et leur grande discussion, en pensant : Marthe, réalise, bon sang ! A peine née, déjà tu rencontres des gens passionnants, qui t'offrent leurs projets incompréhensibles, qui te les livrent ! A toi !!...

Pendant une seconde, je me sens actrice américaine, adulée, mes longues jambes se terminent par des chevilles très fines. Tout ce que je porte me va parfaitement, et mes mouvements ont une allure folle.

Je pivote sur mes talons, portée par cette pulsion de vie, par la santé qui m'anime. Je savoure la poussée du pied et le déhanchement, je les voudrais au ralenti, je mets toute ma force dans une volte-face vive mais élégante, et mon sac à main suit en planant, mes cheveux aussi, un très beau mouvement dans l'ensemble, je pense à Jeanne Moreau ou à Gena Rowlands, je pense à moi.

Quand je m'immobilise, mon sac à main s'est écrasé avec un bruit sourd sur un homme corpulent qui attendait son croque-monsieur. L'homme fait un bond de côté. Plus qu'il ne bondit, il déporte la masse de son embonpoint sur Femme pointue, grommelant que quelque chose l'a frappé. La surface du bras de l'homme est égale au dos entier de Femme pointue, sous l'impact elle lâche le jus d'ananas, la bouteille s'écrase sur un coin de la barquette de salade, faite de ce plastique si léger. Tomates cerises, grains de maïs et jaune d'œuf giclent en gerbe, fusées miniatures. Une éclaboussure de sauce vient dessiner un *bindi* verdâtre sur le front de Femme pointue. Elle esquisse un geste pour l'essuyer, nous interroge, muette, de ses sourcils levés : on la sent désemparée. Pelure soulève ses coudes pour nous montrer les grains de maïs entrés dans ses manches de chemisier, la sauce qui a giclé sur ses mains. Patate crue stupéfaite, elle articule, dans un état second :

— Oh non ! Pas encore ! Il faut que ça s'arrête !

III

Et tout s'arrête.

Le train avec tout ce qu'il contient entre dans un formidable freinage, à l'évidence le conducteur a décidé, non pas de ralentir, mais de s'immobiliser totalement, entier ou en morceaux, d'ici quelques mètres. L'acier et le plastique couinent, les wagons pourraient se disloquer, tout hurle et crisse comme si mille pumas dégoulinaient d'un toit en ardoise, tentant de freiner leur chute avec leurs griffes, fous de colère. Le bruit strident des freins s'ajoute aux carillons des systèmes d'alarme qui se déclenchent les uns derrière les autres, aux cris des gens et des animaux, on dirait qu'on défonce une gare, qu'on éventre une ville entière.

Dans la voiture-bar, chacun s'accroche à ce qu'il peut attraper, ceux qui ne peuvent rien s'envolent sans bruit et atterrissent dans un coin avec un son mat, s'embrochent quelque part et n'en bougent plus.

Une masse humaine s'aplatit contre la porte vitrée qui nous sépare du compartiment, puis coule lentement jusqu'au sol. Pelure a été projetée contre une autre table, ses mains l'ont agrippée dans un réflexe inattendu, elle y reste cramponnée, jambes arquées, œil au ciel ; elle tient le coup. Femme pointue, au moment du freinage, avait une main en l'air pour éponger son front, la chute était donc inévitable ; mais dans sa trajectoire elle a rencontré le corps d'un homme lui-même en déroute, cela a amorti les choses, et elle est finalement assise par terre tout contre cet homme allongé ; elle surveille, impuissante, la lutte de Pelure pour rester debout. Une tomate cerise passe en roulant près de sa semelle.

Le freinage ne finit pas, ne faiblit pas, le train avance quand même, se racle, s'écartèle, les pumas ont des miaulements enragés, des objets se percutent, des lumières rouges s'allument un peu partout, clignotent, ne clignotent plus.

Placée comme je l'étais, debout sur mes talons, c'est notre table qui m'a servi de garde-fou : la tranche du plateau de la table s'est incrustée dans mon estomac. Le menton rasant les composants éparpillés de ma salade, le front sur les tasses vides, les bras à dix heures dix cramponnés aux rebords de la table, je suis restée à ma place d'origine. Presque digne, malgré le sac à main qui bat, au bout de l'anse tombée à la pliure du coude.

J'échange un regard avec Serge, le professionnel du train. Il s'est adossé aux fours dont deux sont restés ouverts, une porte de chaque côté de son visage. Encadré de ces œillères énormes, on dirait un cheval qui attend son cocher. Il est surpris mais sans plus, il reste calme, il en a vu d'autres, et s'il est rouge, c'est à cause de la chaleur des fours. Ses pieds sont calés sous l'évier, le tronc aspiré vers l'avant, comme tout ce que contient le train. Il faudra juste recompter la caisse, à cause des petits tas de monnaie qui ont roulé en tous sens.

Le freinage se termine encore plus brusquement qu'il n'a commencé, et finalement c'était mieux pendant. Parce que la fin du freinage, c'est la butée sèche qui nous expédie tous en sens inverse, de retour à nos places d'origine et encore bien plus en amont. Les pumas se décrochent du bord du toit où ils étaient suspendus, tombent lourdement, fumants d'humiliation.

Toute chose, humaine ou non, valdingue vers l'arrière du train, dernier concours de chocs, grand finale de chutes et écrasements, et puis c'est le silence, même les alarmes ont cédé. Ça dure un certain temps, un temps qui ne ressemble plus du tout à du temps qui passe, mais plutôt à un lac immobile, à une salle ratée du musée Madame Tussaud, ou au contenu d'une benne à ordures renversée sur un trottoir, un jour sans vent.

Des ampoules claquent, meurent en grésillant.

A ma gauche, le monde est plus calme, étouffé, enveloppé de gaze. Une voix inattendue, céleste, que je situe mal, tourne autour de nous, bien que l'unique haut-parleur soit vissé sur le fronton de la porte vitrée. La voix annonce :

— Mesdames et messieurs, je suis Michel Grège, votre responsable de voyage. Un obstacle sur la voie nous a obligés à interrompre notre progression. Pour plus de sécurité, veuillez rester à vos places en attendant les consignes d'évacuation du train. Je vous remercie de votre compréhension.

Notre compréhension est très limitée à ce moment-là, chacun est frappé de stupeur. Il y a ceux qui vérifient qu'ils respirent, et ceux qui ne respirent plus du tout, comme certaines des masses effondrées aux quatre coins de la voiture-bar, et d'autres qu'on trouvera bientôt dans les toilettes, la tête encastrée dans le miroir, ou tombés dans un sas entre deux wagons, leur billet à la main. On examinera ces compositions saisissantes à base de cheveux, chair et vêtements, sorte de sculptures très réalistes mais sans rapport avec la vie humaine, à cause de l'angle formé entre la tête et le cou, ou un bras et le tronc, des postures impossibles à tenir.

Une drôle de musique rampe jusqu'à mon oreille droite, je crois être seule à la remarquer, je prends ça pour un acouphène, un coup de mon tympan. Je ne m'en inquiète pas, et puis c'est amusant : ça ressemble à *Tiens mon p'tit quinquin* sifflé dans une flûte métallique, la flûte traversière cabossée d'une mauvaise fée. Inutile de chercher où se trouverait, par exemple, un poste de radio mal réglé ; je suis sûre que la fée teigneuse et sa petite flûte sont tapies dans la muqueuse entre mon marteau et mes osselets. Pourtant mes partenaires de voyage semblent réagir et s'animer, ils bougent quelque chose en eux : leurs yeux, et ce sont les premiers signes de vie depuis de longues minutes.

Femme pointue et Pelure, statufiées, et Serge aussi, devenu masque de cuir, son badge plastifié un peu éclaboussé, et puis les hommes qui travaillent, ceux toujours debout et ceux tombés à terre, tous actionnent leurs muscles oculaires et ceux-là seulement font rouler leurs globes au fond de leurs trous, les orientent dans ma direction avec précaution, concentrés, comme s'ils craignaient que le mécanisme ne se casse.

La ritournelle en ferraille s'est arrêtée, et a aussitôt recommencé. Dès la première mesure, je comprends cette fois que mon téléphone portable sonne. Il est à l'intérieur de mon sac. Je dois étendre un bras. Le nom et le rôle de chaque chose reviennent par vagues, remontent du sol : l'agencement de mes os, de mon squelette tordu, l'emplacement de mes membres. Mon estomac bilieux, mes côtes, les muscles tétanisés de mes jambes, tout est mal en point et douloureux.

Je lâche la table pour prendre le téléphone.

— Allô ?

Le silence est parfait dans la voiture-bar, on ne peut pas imaginer plus grand calme pour la voiture-bar d'un train de jour, même sachant qu'il vient de stopper sa course et qu'il gît, ramassé sur ses rails, rempli de passagers aux boyaux comprimés. Chacun peut entendre la voix qui sort du téléphone :

— Poulette ? Ma salope bleue ?... J'suis à la cantine... j'hésite entre deux desserts. Je m'suis dit, tiens, elle est peut-être calmée, j'vais l'appeler... Tu prendrais, quoi, toi, ma petite fleur qui pique, "entremets chocolat", ou "beignet confiture de framboises" ?

Dehors, c'est blanc ; du blanc épais et opaque, des traînées d'épaisseur variable qui défilent, frôlent le train. Par instants la percée est proche, la lumière disperse cette matière et semble pouvoir la trouer, mais non ; d'autres lambeaux blancs arrivent, plus denses, tissent un lainage qui calfeutre. Dedans, l'espace est disponible pour les mots de l'homme du local, ils s'égaillent, rebondissent, s'éparpillent autour de nos corps, même si, pour moi, tout se perd un peu sur la gauche.

— Pépita ? Ma Lolita rabougrie... Allez ma jolie p'tite Marthe, un mot, quoi !... t'en meurs d'envie... les ramettes de papier m'ont demandé de tes nouvelles, ce matin... Tu vois, tu manques à tout le monde...

La fumée provient peut-être du train lui-même, il a dû subir des avaries, ou bien c'est une condensation terrible, les tôles sont sûrement brûlantes, proches de fondre.

— Pépette bleue ?

Je décide d'interrompre cette conversation, mais au lieu d'en informer simplement mon interlocuteur je dis d'une voix piteuse :

— J'ai plus de batterie.

Et je referme mon téléphone.

Les fesses dans la souillure des aliments qui jonchent le sol en linoléum, je fais le constat triste qu'une fois encore je n'ai pas prononcé les mots que j'avais choisis.

Je pense aux passagers rencontrés quand nous étions tous en mouvement, l'homme aux cheveux de soie et son ami roux, la petite fille curieuse, sa mère, le vieux à la cage. Je les imagine figés dans leur siège, terrorisés, muets, d'ailleurs on n'entend ni pleur, ni cri.

Je pourrais téléphoner à mon père, lui demander pourquoi je suis montée dans ce train, car je me sens vide, tout à coup, et désolée. Je m'exhorte à réagir : C'est vrai, Marthe, c'est épuisant, mais tu avais promis ! Tu avais juré de te vouer tout entière à tes désirs, rien que les tiens, et les plus obscurs ! Les difficultés étaient prévisibles, maintenant les voici, tu dois seulement continuer !... Non, Marthe, bien sûr que non, ton obstination à forcer les regards et les discussions ne peut pas provoquer ce genre d'accident. La voix céleste a parlé d'un obstacle sur les rails, Marthe, ça ne peut pas être toi l'obstacle puisque tu es *dans* le train !... Ressaisis-toi, écoute ton prochain désir, le premier à se manifester dans les secondes qui viendront, et exauce-le aussitôt !

Alors, aussitôt, je m'allonge au sol, je m'offre au silence pour qu'il m'endorme, qu'il m'emporte, tentant d'oublier les survivants et leurs yeux anxieux.

Je ne sais plus pourquoi je fais ce voyage, mais si je récupère un peu tout reviendra sûrement. Si je m'enroule quelques instants dans ma robe et mes cheveux, il se passera bien quelque chose ; je vais coincer mes mains entre mes cuisses et remonter les genoux, je vais faire seulement ça, m'éteindre un peu, observer une pause.

Je lui demanderai s'il pense que j'exagère, s'il me croit capable d'avoir causé l'arrêt du train et le mécontentement de tous, à force de vouloir, par excès de sourire. Mais à peine ai-je formulé en moi cette hypothèse, que déjà elle se délite, dissoute par l'image de mon père haussant les épaules, un début d'amusement perceptible dans ses sourcils relevés.

Au bout de ma jambe, le talon de ma chaussure droite s'est cassé, il pend, à demi désolidarisé de la semelle, on dirait un doigt de main au tendon sectionné, et je trouve cela attendrissant. Ma chaussure, mon armoire, les choses dès lors que je les possède ont tendance à s'effondrer, s'esquinter, mais je perçois mieux maintenant ce qu'elles murmurent de leur air de travers.

Je sens revenir les vagues sous moi, l'énergie du départ, le dessin de ma trajectoire.

Sur-le-champ, avant de m'endormir, j'intègre un complément de programme à ma nouvelle vie, un défi permanent, une volonté fixe : refuser toute échappatoire au grotesque. Ne jamais nier le ridicule de sa personne, mais le chérir, le porter haut face aux autres et à leur propre clownerie. Je ferai face, dans mes robes de perroquet, sur mes chaussures de putain, je serai le cancer qui sent la cocotte poudrée. Je serai troublante comme le temps qui passe, aussi épuisante qu'une maladie mortelle. D'abord je les amuserai, tous, surtout tant que je me tiendrai au loin. Je suis ce qu'ils ont réussi à ne pas devenir, ce qu'ils ont pu éviter grâce à des décennies de travail. Et puis peu à peu, je m'approcherai, je mettrai le bout des doigts sur leurs beaux costumes de distinction, d'élégance naturelle, sur leurs cernes creusés par une cause importante. J'effleurerai d'abord, et puis j'enfoncerai les mains, je plongerai jusqu'aux coudes, je creuserai jusqu'à libérer d'eux ce fumet, cette odeur qu'ils reconnaîtront, effrayés et séduits.

Je les cuirai à l'étouffée, je les fumerai.

Je sens sous ma joue le sol humide de la voiture-bar, contre ma bouche un goût de sauce vinaigrette.

Je dors.

Fond noir, points de lumière qui dansent. L'air est chaud, épais, j'y repose, j'y fais la planche mieux qu'en pleine mer, j'appartiens à cet air chaud un peu poisseux, j'en suis faite. Au fond de mon rêve, il est là, mon père, il siffle, assis dans un recoin ; lui et son ventre recouvrent un tabouret suspendu dans la pénombre. Il siffle doucement, comme on console, les joues gonflées à la Armstrong, le pied battant la mesure, il fait ouap-mmmhh-ouap et il murmure boop-boo, claque de la langue et des doigts, homme en peau de musique. Mon vieux père n'a pas besoin d'instruments à part la matière distendue de ses lèvres et de ses bajoues. L'arthrose tord ses doigts mais ils savent encore se trouver pour claquer. Il sue, postillonne, reprend le thème d'un couplet, marmonne deux mots des paroles, et puis imite la *washboard*. Ses yeux sont souvent fermés, mais son regard perce ses paupières et m'enrobe tout entière, il me répond, il me raconte. Comme souvent quand il sent que je me perds, il me joue du jazz, *Petite Fleur* de Bechet, ou un standard des Haricots Rouges. S'il veut, il peut même imiter la trompette ; c'est sa réponse à la question de la dignité. Les lèvres violettes pincées en embout, la chair gonflée du nez au menton, les oreilles rouges, la chemise mouillée, profondément heureux d'avoir retrouvé l'air, il roule *Nuages* dans sa bouche, il me l'offre en sourdine. Il fait venir Django Reinhardt, là, dans l'ombre humide à nos côtés, et lui demande une dédicace, spécialement pour moi.

C'est le contrôleur qui nous a sortis de là.

Il a dit : Allez, tout le monde sort ! Allez ! Faut pas rester là !

Ça m'a réveillée en sursaut. Nous nous sommes ébroués, dépliés, levés. Nous, dans la voiture-bar, et puis les autres, dans les wagons. Les gens ont recommencé à parler, à bouger, du coup les enfants se sont autorisés à pleurer, et les premières questions sont tombées : pourquoi on a freiné comme ça ? Alors on ne redémarre pas ?

Non, on redémarre pas, dit le contrôleur tendu et blême, il me regarde souvent, il me détaillerait bien encore plus, par sécurité, mais il a beaucoup à faire.

Femme pointue s'est décollée de l'homme-matelas, elle a tiré sur sa jupe, la voilà debout. Bien sûr, elle se précipite vers Pelure, enfin elle aimerait se précipiter mais chacun semble avoir épuisé son stock de précipitation, alors la hâte est lente, laborieuse. Pelure a lâché la table avec l'immobilisation définitive du wagon. Elle fait partie de ceux qui ont lutté jusqu'au bout, ont cru gagner la partie, et s'étaient autorisé une infime détente musculaire, un redressement d'un seul degré de la colonne vertébrale, pile une seconde avant le choc final. Pelure a volé sur quelques mètres puis s'est amassée en tas, contre la cloison, et Femme pointue l'aide maintenant à retrouver une verticale. Je me réjouis de constater qu'elles ne sont pas blessées ; c'est étonnant de sentir cette réjouissance en moi, mais elle y est. Mes nouvelles amies ne me sont pas retirées, je n'en avais pas fini avec elles. A cause de mon talon cassé, je clopine, une hanche plus haute que l'autre, le mollet droit tout dur, je clopine et me réjouis.

Serge ne m'accorde aucun regard mais cela viendra, j'ai confiance, pour l'instant il est préoccupé, lui aussi doit sortir ; il s'extrait du bar, obéissant au signe du contrôleur, et se dirige vers la porte de la voiture. Le geste était amical, ils se connaissent, ils sont collègues. Ils prennent même le temps d'une petite conversation entre professionnels du rail. Serge peut entendre certaines choses qui ne font pas partie de la communication officielle envers les usagers. Il a l'air étonné, le Serge, il place une main à l'horizontale devant son torse. Le contrôleur, sous sa casquette, lui fait comprendre que non, plus haut, bien plus haut que ça. Serge est incrédule. Le contrôleur s'éloigne en lui disant : Tu verras ! Sors, tu seras fixé tout de suite !

Serge s'éloigne, il quitte la voiture-bar à reculons, contraint. Il est tout près de moi mais fixe encore les fours et les autres instruments pardessus son épaule. Les hommes en cravate, après avoir été muets de stupeur, ricanent. Ils ont recouvré leurs sens et leurs moyens, de nouveau ils devisent d'un ton détaché, font cliqueter leurs trousseaux de clefs au fond de leur poche, poignets et coudes relâchés. L'un d'entre eux pose pourtant une question :

— Que se passe-t-il avec ce train ? Merde à la fin !...

Question posée trop tôt, trop vite, qui trahit son angoisse, c'est une erreur. Il le comprend aussitôt car les autres, le regardant à peine, lui donnent une leçon de tenue ; on hausse les épaules, comme ça, ni trop ni trop peu, et on marmonne qu'on va bien finir par être informés, on dit ça en grattant sa barbe naissante, avec calme, fausse paresse. Des plaques de sueur acide sur la chemise, les paupières rougies, mais toujours souple sur la rotule, prêt à dire une blague. Le poseur de question se ressaisit dans son coin, renifle un coup sec pour ravaler sa honte.

D'un coup, Serge repart vers le bar. Il referme un à un les fours, la porte de la poubelle, les armoires réfrigérantes, verrouille sa caisse, retire son badge qu'il glisse dans une pochette plastique sous le comptoir. Voilà, il est redevenu civil et se joint maintenant à nous, voyageurs privés d'itinéraire.

Le contrôleur a donné la consigne de récupérer les bagages avant de sortir. Les sacs des uns sont coincés sous ceux des autres, on recommence à se bousculer, puis à s'excuser, avec politesse mais sans mollir. J'aperçois l'ami roux et l'homme aux cheveux de soie qui arrivent, progressent vers la portière la plus proche. D'où ils sont, face à l'ouverture, ils doivent découvrir, eux, le paysage. Mais ils ne regardent que leurs pieds, pour bien les placer sur chacune des marches, et ils discutent horaires et empêchements. J'arrive moi aussi dans l'encadrement de la portière, on me pousse, c'est mon tour, je tire une valise, je fais avancer l'autre par coups de pied. Nous devons nous dépêcher.

Je me tiens dans l'ouverture, les jambes écartées, en équilibre factice sur un talon décollé, sale et dépenaillée. Je n'ai pas envie de descendre, je vais le faire mais à regret. C'était le train de ma nouvelle vie, ça tombe mal de devoir le quitter aussi tôt. Je m'enjoins de rester la nouvelle Marthe. Alors quoi, un changement de programme suffirait à te vider de toute ambition, d'un coup ? Mais au contraire, Marthe ! C'est un merveilleux terrain d'essai, une petite épreuve mais une grande opportunité, c'est…

Ça doit être à cause de mon talon cassé, ou de mes collants déchirés à nouveau, et puis la sueur me chatouille, et tous ces bagages… J'étais heureuse, moi, dans ce train, les choses commençaient à prendre forme, j'avais des amis, une vie sociale, des relations… Et puis partir, c'était tenter de manquer à l'homme du local à photocopies, c'était l'occasion de devenir une absente aimée. Mais il ne sait même pas qu'en ce moment même je pars, je quitte tout. Je me suis arrangée à la petite semaine avec moi-même.

Devant moi un homme qui travaille a posé son second pied sur le sol, ça y est, il est sur la terre, au bas des marches. C'est à moi, de plus en plus précisément, mais je prolonge la pause ; j'ai besoin d'une mise au point. Oui, c'est facile de ricaner d'un homme que tout le monde s'accorde à trouver laid, sans talent d'orateur, rustre, les mains moites, c'est facile ! Il y a pourtant une chose que je dois avoir le cran de formuler, et je voudrais que ce soit très clair pour tous. Je fais le projet de haranguer la foule informe qui s'émiette sous le brouillard au bas des wagons. D'ailleurs, je m'éclaircis la voix, prête à lever le ton, je me cale dans l'encadrement, une main sur la rampe métallique. Bien que, face au-dehors, je sois absorbée par moi-même et par cette envie de faire une déclaration pour rendre justice à l'homme du local à photocopies. C'est un endroit impeccable pour s'adresser au monde ; seulement je vois le contrôleur qui patrouille, il va, vient et repasse, nerveux, alors j'hésite.

Je leur dirais :

— Ecoutez-moi ! Cet homme qui me convoque d'autorité, avec ses formules en clins d'œil trop appuyés, ce nigaud qui me culbute uniquement dans le local à photocopies, ce grand bestiau maladroit, il faut lui reconnaître une chose : il m'offre d'une main le peu dont il est capable, et de l'autre me protège de sa misère quotidienne, qu'il garde pour lui, avec pudeur. Il ne m'emmène jamais chez lui, où il vit seul, il ne cache pas d'épouse, ne m'impose pas une conversation qu'il sait médiocre, ni ses hobbies qu'il doit soupçonner niais. Il ne se paie pas de mots, ne met aucun ruban inutile autour de son sexe violacé, aucun velours précieux sous ses bourses. Il ne me demande absolument jamais rien. Rien d'autre qu'accepter sa rudesse franche, une fois par jour ouvré, dans un local sombre d'une entreprise qui nous abrite tous les deux chacun de ces jours ouvrés, depuis le matin jusqu'à la fin de l'après-midi.

A sa façon, il m'aime honnêtement.

J'aurais pu lui en savoir gré. Je ne sais plus ce que me dit ma volonté à propos de ce gars, oui, *gars*, ça lui va bien, et rien que de penser à quel point il l'est, j'en frissonne. A part les surnoms vexants qu'il donne trop facilement, cet individu est complètement noble.

Je pense à lui, à sa voix grasse mais pleine, je cherche à reconstituer de mémoire l'odeur étourdissante que diffuse le pli de son aine…

On ne me projette pas exactement hors du wagon, mais une pression dans mon dos m'oblige à tendre une jambe et les deux mains en avant, à la suite de mes sacs qu'on vient de balancer en vrac. Mon talon cassé reste sur la marche supérieure, piétiné par les suivants. J'atterris, un pied chaussé d'un escarpin, l'autre d'une sorte de babouche à bascule.

Alors je regarde où nous sommes.

C'est un ravissement ! Une aubaine incroyable… Au-delà de la masse opaque et sombre du train silencieux, l'espace est ouvert sur le rien, l'endroit est submergé de vide, des hectares d'absence de tout, déversés là au hasard, du vide mou entassé sous la brume. Les lambeaux de presque vapeur blanche se dénouent lentement autour de nos têtes, glissent en écharpe sur nos épaules. L'heure du jour est impossible à deviner, la lumière n'a plus de source précise. Ici c'est à peine la terre, ça ne peut même pas être moche, tellement c'est peu ; c'est formidable.

Nous ne sommes absolument nulle part. Ce qui est parfaitement adapté à mon projet !

Les premiers sortis font la liste de ce qu'il n'y a pas : pas de quai, pas de panneau, pas de gare, pas de route, ni de construction, ni bâtiment en vue, ni relief, ni soleil, ni… Puis ils se découragent comme ça d'un coup, en pleine énumération, ils renoncent, ça ferait trop long, ça deviendrait humiliant.

On peut se tourner de tous côtés, c'est partout la même absence de point de vue ; on sait qu'on a fait un tour complet en se retrouvant de nouveau nez à nez avec le train.

Le soulèvement de l'onde, l'énergie reviennent en moi. Mon tympan se remet à siffler, enjoué, vibrant. Les évacués des wagons font des petits pas à droite, à gauche, se décident pour une direction, puis une autre, mais finalement reviennent près des portières, et ne s'en écartent plus. Nous sommes des blattes hésitantes sur un ruban de coton pelucheux, orné de blessés, de bagages oubliés.

En scrutant le vide alentour, les yeux plissés, on peut croire reconnaître une nuance différente de flou, des animations de la matière, des mouvances transparentes. Ici, une masse s'approcherait ou tournoierait sur elle-même, là toute une agitation de particules presque perceptibles, toute une possibilité d'ombres et de clartés, de scintillements fugaces. Seulement jamais rien ne se confirme tout à fait, rien n'est improbable non plus. Ça ne facilite pas les choses.

Régulièrement, un des passagers débarqués tend un doigt et dit :

— Là ! C'est quoi, ça ?! Il y a quelque chose, non ?

Deux ou trois autres se précipitent :

— Quoi ? Où ça ? Quoi !!?

Le groupe improvisé écarquille les yeux, plonge le regard dans ce qui n'est pas du simple brouillard, mais plutôt une accumulation de vide à haute densité. Celui qui avait appelé les autres finit par dire :

— Non, rien, j'ai cru… c'est dans mes yeux…

Un homme qui travaille marmonne en se tirant les lobes d'oreille :

— On se croirait en plein désert ! Mais sans le désert ! C'est la fatigue, l'énervement… Enfin il doit bien y avoir un patelin, à trois quatre kilomètres au plus... Forcément ! On est en France, quoi ! Ça ne peut pas être la toundra !!

Beaucoup gardent les yeux au sol, sur leurs souliers, sur la terre sèche, plate, à peine saupoudrée de gravillons gris pâle ; beaucoup disent que sans ça ils attraperaient le tournis, la nausée.

Je dois changer de chaussures. Impossible de se mettre dans un coin, il n'y a pas de coin dans le vide. Notre seul point d'accroche, ce sont les wagons immobiles ; leurs marchepieds sont déjà tous occupés en sièges de fortune. Ceux restés debout errent en petits groupes, par familles ou par couples, tournicotent finalement autour de ceux près de qui ils étaient assis dans le compartiment, tout à l'heure ; pour un peu on reformerait les rangées, dans le sens de la marche. Au milieu de tout ça – ce n'est qu'une façon de parler –, je soulève le couvercle de ma valise. Tout est correctement rangé à l'intérieur : vêtements pliés, chaussures par paires, semelle contre semelle, collants neufs roulés glissés dans une botte. Il y a aussi un flacon de parfum calé dans le creux des tours d'un gros collier enroulé, on dirait un boa multicolore digérant une flasque de whisky.

Le contrôleur, casquette sous le bras, manches de costume retroussées, arpente le rassemblement et crie :

— Mon nom est Michel Grège ! Je suis votre responsable de voyage ! Je vous donnerai des informations dès que j'en aurai reçu. Dans l'attente, je vous enjoins de rester calmes et de ne pas céder à la panique !!... Mon nom est Michel Grège ! Je suis votre responsable de voyage ! Je vous donnerai...

A cause de l'oreille bouchée j'évalue mal les distances, et il s'est approché si vite que je ne l'ai pas vu venir. Assise par terre, déchaussée, j'essaie de changer de collant dignement, sans attenter à la pudeur de quiconque, me tortillant sous mon manteau. Je soulève les fesses pour faire descendre le morceau d'acrylique noir, le manteau glisse. Michel Grège s'interrompt net, figé ; il baisse les yeux vers moi. Il me reconnaît globalement, puis coule le regard jusqu'à son pied droit chaussé d'une bottine fatiguée. Ce pied, planté au milieu de ma valise, écrase la pile de vêtements, s'enfonce dans les tissus. Le bout de la semelle, zone insensible, appuie sur le bouton vaporisateur du flacon de parfum.

Epouvanté, l'homme soulève son pied comme d'un déchet, et tapote sa bottine par terre. Les effluves de violette et de myosotis grimpent en tournoyant le long des jambes de son pantalon.

— Encore vous ! Toujours là !!…

Il est à ma gauche ; mon tympan farceur amortit ses cris, il leur faut contourner mon crâne, sans se perdre dans le néant ambiant, pour parvenir à gagner mon oreille droite.

Je lui souris de toute ma volonté positive et neuve de poulpe comblé, car j'aime cet endroit, j'aime ce moment, j'aime changer de chaussures, et je raffole de la violette mêlée au myosotis.

Il fait des petits gestes pour éparpiller les gouttelettes de parfum en suspension, il sautille, grimace, s'enfuit en criant :

— Tenez-vous à distance ! Je sais que vous avez des soucis, mais cessez de toujours compliquer comme ça les procédures !… MON NOM EST MICHEL GRÈGE, ET JE VOUS DEMANDE DE NE RIEN COMPLIQUER, MALGRÉ VOS DIFFICULTÉS !!

Quelques-uns se tournent vers moi. Mes mollets sont nus jusqu'aux chevilles, elles toutes noires, entortillées dans le collant baissé.

J'ai terriblement envie de sourire, à chacun, même aux hommes qui travaillent, si loin de leur bureau, leurs souliers de cuir à boucles déjà gris de poussière. Ils tripotent leur téléphone portable, leur agenda électronique. La liaison ne semble pas bonne, les lettres sont difficiles à lire sur les écrans lumineux, à contre-jour d'aucun jour. Les hommes qui travaillent sont fébriles, ils rentrent une main dans leur poche, la ressortent, font tourner leur bracelet-montre métallique, l'anneau de leur porte-clefs.

Serge, poings sur les hanches, cherche à situer l'horizon. Il le renifle, se cale sur un cap en suivant l'axe des rails qui émergent du premier wagon, courent sur quelques mètres avant d'être absorbés par le vide. Le contrôleur Michel Grège trottine et se faufile entre les groupes, préoccupé, se détourne quand il m'aperçoit. Son talkie-walkie pendu à sa ceinture grésille en permanence, mais aucune voix n'en sort. Il lance à Serge un coup d'œil pour lui désigner une partie de vide à peine plus mate là-bas devant, un endroit qui aurait pu être dans la direction de notre destination. Serge répond d'un jet de menton en avant : ils sont d'accord sur l'emplacement. Ils observent, muets, l'obstacle invisible, l'éventualité d'un quelque chose au loin.

Une lumière bizarre nous frôle en longues lanières d'une intensité qui varie à peine, et pourtant parfois le gris se rétracte du blanc, se ramasse en petits points isolés prêts à se dissoudre, et puis non, ils s'étalent à nouveau, fondent en ombre froide, en un genre de soir qui se faufilerait dans le jour. Celui qui bouge semble aussi bien avancer que reculer, les silhouettes les plus lourdes deviennent nuages nacrés, évanescents.

Les parents ne grondent pas les enfants qui hurlent. Les soupirs virent aux cris rauques. Les femmes ont besoin de faire pipi, elles s'accroupissent de l'autre côté des voitures, mais malgré les cris, les râleries et les paroles, on entend leurs rotules craquer, on entend leur jet atterrir, et l'urine fume et stagne longtemps en flaque avant d'être absorbée par le sol nu.

Le vieux dont les yeux sont toujours vivants reste collé au train, le touche, le tâte, finit par lui parler. Il s'adresse à l'assemblage de métaux comme on gronde un cheval :

— Mais tu nous as fait peur ! C'est quoi ces façons ?! Tu te braques, comme ça, on ne sait même pas pourquoi !

Il s'agenouille, voulant lui flatter les essieux, allonge une main sous le ventre du wagon. On le relève, on l'assied sur une marche.

Certains veulent remonter dans les voitures pour s'abriter du vide, pour ne plus s'user les yeux sans rien à voir, toute cette vacance leur fiche le bourdon. Michel Grège intervient, court d'une portière à l'autre, les verrouille, s'éloigne vers la tête du train.

Une question fuse, se détache du brouhaha, aussitôt reprise en chœur par plusieurs voix :

— Et le conducteur ?... C'est vrai, ça ! Il est où le conducteur ?

Michel Grège ralentit, tourne le visage par-dessus son épaule. Il pivote sur ses bottines bordeaux à fermeture Eclair, bat lentement des paupières, une seule fois, en considérant son auditoire suspendu à la réponse :

— Le conducteur ?!!... Ah !!... Mesdames messieurs, vous voyagiez donc sans le savoir dans un

Mushi-Vongg, entièrement automatisé !!! Détection d'obstacle à distance, capteurs thermiques, direction électronique, système de freinage breveté… Le conducteur… Ah ah !… Le conducteur !!…

Il nous tourne le dos, laisse flotter sa main droite à mi-hauteur, les doigts s'agitent en vaguelettes pour désigner l'objet, par là, regardez, étudiez, donnez-vous la peine. Muets, immobiles, les sourcils levés, nous détaillons le Mushi-Vongg, qui ressemble tellement à un train.

Je ne vais pas seulement changer de collant. Je choisis une autre tenue. Il me faut quelque chose de bien pour cette jolie surprise, cette étrange trouée dans le parcours. Je voudrais faire honneur à la chose, à cet envers sans endroit. Je veux la silhouette du poulpe déployé en rayonnement maximal, affamé mais lucide, éclatant de couleur face à un demi-jour blanc sale. Je veux l'allure de la bestiole libre qui arpente un non-lieu infiniment vide. Et je ne peux empêcher l'excitation de me gagner. Quand même, Marthe… quel coup de pouce ! Quelle station enchantée… Ils couinent, ils rouspètent, ils regrettent la journée qu'ils avaient prévue, nostalgiques de leurs chaises de bureau, celles qui tournent, des ascenseurs d'immeubles, qui montent et descendent à chaque pression sur un bouton. D'autres sont en manque de leur famille, ils s'inquiètent parce qu'on va s'inquiéter pour eux, ils espèrent bien qu'on crèvera d'angoisse à leur sujet, c'est le bon côté de la chose.

J'ai confiance : à un moment donné, ils vont forcément aimer cette station en creux, cet évidement. Nous tous, nous ne nous sommes pas tout dit, ça ne faisait que commencer. Ensemble, nous pourrions jouer à deviner les formes dans le lointain, ou chanter en s'éloignant du train, mesurer la distance qu'il faut pour que les sons se perdent. Ou encore courir dans le vide, c'est peut-être comme rouler dans le sable. Il me semble qu'on devrait au moins remonter une manche de nos chemises pour contempler nos membres si bien découpés sur ce décor sans fond. Je tends mon poignet dans la presque lumière, j'écarte les doigts. La peau, ici, devient latex d'un rose uni, imputrescible, les plis des doigts, nombreux comme ceux des cous des vieillards, apparaissent plastifiés, synthétiques. Je les regarde, hommes, femmes, adolescents, attendre et piétiner, hors d'eux, je les regarde oublier leurs os fragiles, leurs muscles mous, ignorer ce qui grouille et chauffe, toute la boyauderie du dedans. Je les trouve toujours aussi laides pour la plupart, les créatures, mais moins effrayantes, disposées comme des poupées aux yeux brillants dans l'écrin géant de cette terre incolore.

Je fouille ma valise, je soulève des chemises à jabot, déplie des jupes à quille, du tartan plissé, du coupé dans le biais, des carreaux de tulle, du velours. Il me faut quelque chose de bath pour l'apparition du poulpe parfumé au seuil d'une zone non relevée sur les cartes, où tous les nuanciers sont à refaire, où la musique provient uniquement de l'intérieur des oreilles.

La petite fille qui m'avait observée dit à sa mère :

— Regarde, c'est la dame clown, elle sort tous ses habits ! Elle va faire un spectacle ?!!

La mère sursaute, plisse les sourcils en ajustant son regard sur moi, tire sa fille par la main et s'éloigne, nerveuse. Où aller ? Comment se séparer, être ailleurs que là où je suis ? Je m'en fiche, vous pouvez bien passer et repasser sous mon nez en m'évitant de justesse, avoir les yeux qui glissent sur moi, bientôt je serai vraiment là, vous ne m'avez pas encore vue, attendez donc.

J'ai trouvé ma tenue. Elle était enroulée sur un côté : une longue robe, lourde, rouge et mauve, à manches pagodes, à encolure carrée. Aussitôt déballé, le tissu entre en conflit avec cette drôle de lumière qui n'éclaire pas. Le rouge sombre et le mauve soyeux partent à l'attaque des pointillés lumineux tournoyant dans l'air. Je bouge un peu la robe, je l'ouvre, la fais faseyer ; j'envoie des avertissements au monde blanc qui coule autour de nous.

Un ou deux regards sur la robe que je tiens à bout de bras, des chuchotements brefs. Je vais l'enfiler et reprendre le cours des choses. Je n'ai rien oublié de la mixture alléchante aperçue sous les couvercles de Pelure et de Femme pointue. Ici nous aurons tout le temps d'échanger des mots, et même des phrases ! Je passe une parure, et je viens.

Avec la robe, je choisis des bottes noires et hautes, lacées, biseautées, très difficiles à chausser.

Pour me changer, je m'isole entre deux wagons, les jambes à cheval sur des gaines électriques. Le train est mort, éteint, froid. Les débarqués vont et viennent, soit le long de l'axe des rails, soit en perpendiculaire, jamais bien loin. Je me cache derrière ma valise posée sur un rebord métallique. Je me déshabille, sauf les chaussures et mon slip incrusté. Une fois presque nue, j'en profite pour me rafraîchir, enfin c'est une image. Il ne fait ni chaud ni froid ; on ne sent pas l'air, on le devine. J'ai installé quelques ustensiles de toilette sur les moindres emplacements plats des carlingues qui m'encadrent. J'asperge, je brosse, j'aère. Je me flatte la peau flasque des bras comme on soupèse des babines humides de vieux chien affectueux, laid mais vivant, décevant mais fidèle. Je lisse mes poils.

Une rumeur monte autour du train, elle couvre les grognements de mes boyaux, estomac résigné, intestins secs rabougris. Le coquillage ébréché posé sur mon oreille déforme les exclamations qui vont crescendo, se chevauchent, se dédoublent :

— Mais !... Oh, là !!... Ça !! C'est un !... C'est le !!!

Et déjà des pieds qui raclent, des corps qui se relèvent. Vite, je range ma chair dans mes vêtements, et je vais m'attrouper.

Chacun s'est tourné vers l'avant du train, mais personne n'ose avancer, sauf Serge et Michel Grège. Ils font quelques pas. Aussitôt leur silhouette devient floue, leurs contours déjà grignotés, aspirés. Là-bas, un peu plus loin encore, quoique les distances soient farceuses et mouvantes, une épaisseur s'est soulevée. Sous le blanc qui s'est retiré sans qu'on ne l'ait vu ni entendu, l'obstacle détecté par le Mushi-Vongg apparaît. Une construction écroulée, quelque chose qui a dû être un jour dessiné puis agencé avec intelligence, et qui est redevenu tas informe de pierres, un tas haut comme une colline. Entre les pierres cassées, le mortier s'effrite en plaques blanches, et par endroits une tige d'armature métallique pointe, toute droite et mauvaise, rouillée, effilée.

Michel Grège, les poings serrés :

— C'est l'autopont du Mourron !

Serge, scrutant autour de lui :

— Mais !!... On n'est pas au Mourron, ici !

Michel Grège, mauvais :

— Ben, si !! Puisque ÇA, C'EST L'AUTOPONT DU MOURRON !!

L'affolement inonde le visage de Serge. Il essuie d'un revers de main la sueur qui goutte de son menton, répète plus bas :

— L'autopont du Mourron… !

Les rails disparaissent dessous. On retient un enfant, et puis on ne le retient plus, et le gamin file, escalade les blocs écroulés en vrac. Un plus grand le talonne, commence l'ascension. Une femme s'élance derrière eux, et puis un des hommes qui travaillent. Avant de lancer une jambe, il remonte son tissu de pantalon en le pinçant juste au-dessus du genou. D'abord il cherche des appuis sûrs pour chaque enjambée, ensuite il accélère ; une fois gravis quelques mètres, il lâche le pantalon, empoigne les caillasses et monte à quatre pattes. Tout rose et rigolard, il se retourne vers ceux qui pourraient être des collègues, d'autres hommes qui travaillent. Il leur adresse un sourire de conquérant, garçonnet espiègle monté au mât du bateau, il leur fait des signes joyeux en desserrant son nœud de cravate. Trois ou quatre autres s'élancent alors, en y mettant les mains dès le début. Les montres et les gourmettes cliquettent sur le caillou, les semelles de cuir ripent et glissent, la sueur humecte les nuques.

Les plus âgés attendent au pied de la colline, ils entourent le vieil homme vivant qui continue de parler au train, il voudrait l'ausculter.

Les femmes hésitent. En suivant des yeux les grimpeurs, elles mettent en garde, appellent, se tordent les doigts. Toutes les femmes font ça, se tenir les mains en piétinant, sauf celle qui pourrait ne pas travailler. Elle reste à quelques pas, allume une cigarette, entretient son mystère même si plus personne ne l'épie. Une main sur le menton, elle masse sa vieillerie discrètement tapie là, dans les plis fins qui courent jusqu'à la poitrine.

L'homme aux cheveux de soie et son ami roux ne grimpent pas. Ils n'ont pas de gourmette ni de cravate, ils ne travaillent pas comme les autres, ils ne travaillent peut-être même pas du tout. Si ça se trouve, ce sont des hommes qui font autre chose que travailler. Ils observent la situation avec une sorte de gêne, un peu mal à l'aise, sans quitter les marches. Ils n'ont été présentés à aucun de ces individus qui s'agitent si près d'eux, dans cette promiscuité qui dure. L'homme aux cheveux de soie a vu ma robe, il l'a détaillée malgré lui, puis, époussetant mollement ses genoux, il a tourné le regard en lui-même pour rejoindre un abri sûr, loin des doutes.

Mais chacun quitte son attitude, sa posture, et toute la donne est rebattue à partir du moment où Serge et Michel atteignent, les premiers, le sommet des ruines.

— Je sais OÙ ON EST !! crie Serge.

Et ça, tout le monde peut l'entendre. Puis Serge dit autre chose mais plus bas, il a l'air de vouloir convaincre Michel ; les grimpeurs et ceux restés au sol, même les indifférents, tous lèvent le nez vers les deux silhouettes découpées là-haut. Michel n'a pas l'air convaincu. Il grogne, tandis que Serge pousse des exclamations, des bouts de phrases dégringolent des cailloux : il y a quelque chose au-delà du pont écroulé, et ils ne sont pas d'accord sur ce que c'est.

Alors l'engouement est général, et une seconde vague emmène à l'assaut des éboulis les femmes, les vieux, les hommes qui ne travaillent pas forcément, et même la femme qui pourrait ne pas travailler. Chacun baisse sa garde, plie ses genoux, tend son buste pour trouver un équilibre, tire un bout de langue, écarte les bras en balancier, grimpe.

Pas de quartier, je m'élance à la suite de Femme pointue et Pelure, que je retrouve revigorées par la curiosité.

— Dites, dites !

Elles se retournent ; me voir semble provoquer chez Femme pointue une minuscule crampe musculaire, minuscule mais générale. Pelure tient à la main un gilet en tricot marron, elle est tout entière dans ce geste.

— Il faudra qu'on reprenne notre conversation ! J'adore ces échanges... Parce que, au final, je voudrais être sûre d'avoir saisi : c'est pour l'utilité réelle du frigidaire, ou parce que ça peut rapporter de l'argent ?... Je me suis dit : cette femme doit être fille de quincaillier ! Ou d'un ingénieur qui n'a pas eu de fils ! Ça explique les choses, parfois, la filiation...

Elles hochent la tête, Femme pointue lentement et songeuse, Pelure rapidement, comme motorisée :

— ... Marianne et moi nous allons voir ce qui se passe là-haut, c'est tout de même pénible de ne pas savoir...

Je suis d'accord, d'emblée, pour reporter nos discussions à plus tard ; il faut aller voir là-haut, bien sûr. Je suis un poulpe adaptable, qui épouse la forme des moments et des choses.

La progression est irrégulière parmi les énormes brisures de pierre, à cause des pans de ma robe, remontés jusque sur mes bras, et aussi à cause des talons qui se coincent parfois dans une fissure. Je me fais doubler par la jeune fille pleine de joliesse, fabriquée dans une peau de luxe, à la nuque mousseuse de dédain. La jeune fille qui me croyait animatrice pour la SNCF. Elle et son ami, l'apprenti décontracté, crapahutent allègrement. Ils sont tous les deux très minces, sans poids, chaussés de plat et souple. Ils montent en riant, c'est un jeu. Toutes les situations leur siéent, tombent sur eux comme un vêtement bien coupé ; leur latex sera toujours plus fin et plus lisse. Elle me jette un coup d'œil de bas en haut, puis détourne le regard, avant qu'il ne croise le mien. Le garçon lui jette un coup d'œil à elle, pour y lire ce qu'il aurait vu en me visant directement. Elle lui fait comprendre que ça ne vaut pas le coup, alors il esquisse un mouvement par-dessus l'épaule, pour évaluer la distance entre lui et moi, peut-être.

Pas grave, j'arrive, je serai là-haut avec eux.

Les plus âgés se font aider, poussés aux fesses par les hommes qui travaillent, capables, eux, de faire des allers-retours entre le sommet et le sol où traînent nos bagages en fouillis, nos désordres, paquets entamés de gâteaux secs, magazines, appareils pour écouter de la musique, sacs à main, et une cage à oiseaux sans oiseau, mais bourrée d'embauchoirs à chaussures d'hommes.

Les hommes en action soulèvent les femmes fluettes, après les avoir interrogées d'un bref sourire ; ils donnent le bras aux hésitants, aux voûtés, aux essoufflés. Les obèses, eux, on s'en approche tout près, sans les toucher, et on les encourage d'un ton ferme : Voilà, vous y êtes, c'est ça… Et c'est tout.

Un homme en action s'est approché de moi, sans préméditation, je me trouve simplement sur son parcours. Maintenant qu'il m'a vue, il m'évalue. Aucun sourire ne lui vient. Je lui en offre un très vaste, tout en me hissant d'un seul tenant sur une pierre instable. Je m'entends gémir et ahaner, mon cœur menace de rompre, c'est toujours ce qu'on se figure : il va péter et tout mon sang giclera par l'oreille endommagée.

L'homme, lourd, large, un nez gris entre deux joues violettes, regarde mes chaussures et secoue la tête, embêté. On dirait que je mérite de l'aide, mais un genre d'aide qu'il ne peut pas m'offrir.

L'effort réveille toutes mes douleurs, la plaie du crâne, l'oreille, les hanches. Poulpe échoué sur la digue, je rampe vers l'eau. Je sens et j'entends l'eau, pas loin, mais je ne la vois pas et rien ne peut me permettre d'être tout à fait sûre qu'elle y soit. Et pourtant, je rampe, et j'arrondis au mieux mes gestes pour passer dignement devant l'homme. Désemparé et poli, il me cède le passage, s'efface sur notre chemin imaginaire dans les ruines, et je me pense ronde et moelleuse, je déroule sur la pierre mes tentacules, centimètre par centimètre, ventouse par ventouse, ignorant mes faux pas et la puanteur de ma sueur.

Enfin, après les efforts, les compromis silencieux, les temps de désespoir suivis d'aides inattendues – j'en ai entendu s'excuser, remercier ; moi j'ai fait le chemin seule –, nous voici là-haut. Alignés tant bien que mal sur la ligne de crête, sur le dos de la ruine. Debout. Economes de paroles le temps de reprendre notre souffle et un équilibre vertical. Je vérifie ; pas un passager débarqué n'est resté au sol, dans le contrebas brouillé.

Le nez du train est à quelques centimètres des premiers éboulis éparpillés sur la voie. Le serpent des voitures s'étire en biais, selon une ligne tangente qui s'estompe ; la dernière est invisible.

D'où nous sommes, c'est très clair : le monde du rien est séparé en deux par l'amas de pierres. Une moitié de vide derrière nous, traversée du trait tiré par le Mushi-Vongg ; une autre moitié de rien devant nous. Nous faisons face à cette moitié-là, nous avons escaladé les restes du pont pour voir ça s'étaler devant nous. Mais c'est un matériau qui ne s'étale pas vraiment, c'est compact, de l'air cuit. Il n'y a rien, sauf une forme verticale, sombre, mate, dont on ne distingue pas la base. Est-ce que cela est planté dans le sol ? Posé ? Il semble que ça penche, il semble que ce soit du métal. Ça fait partie des choses qui ne sont pas sûres. Certains estiment que c'est petit et tout proche, d'autres affirment que c'est immense : il s'agit d'un poteau géant, simplement il est très loin. Quelques-uns font remarquer que c'est difficile à dire.

Hommes qui travaillent, femmes inquiètes, tous tendent un doigt vers ça, ce point de mire, cet amer, un objectif à identifier, c'est toujours mieux que tout à fait rien.

Je nous regarde ; nous formons un liseré de vie, une couture humaine surfilée à grands points sur le pont détruit. Devant une mer évaporée, nous composons une broderie de bestioles échouées, déposées en serpentin sur une digue abandonnée ; la marée s'est définitivement retirée.

IV

Je suis avec les gens ; certains sont à ma droite, d'autres à ma gauche, je me trouve parmi eux. Je les trouve monstrueux, bien sûr, mais si proches tout à coup, il me semble les connaître un peu, les reconnaître. Même ceux qui m'ignorent avec un discret mépris, ou que je n'avais pas encore remarqués. Du fait de notre alignement sur l'arête des ruines, chacun apparaît bien nettement, détaché des pieds à la tête sur fond de vide. Je les regarde avec ravissement, je me penche et me tortille pour apercevoir jusqu'au plus lointain celui tout au bout à ma droite et celui tout au bout à ma gauche. Plantés, concentrés, ils sondent l'espace vide en expansion devant nous. Je les regarde étudier et commenter, je les regarde continuer de vivre, avec leurs poches sous les yeux, leurs cernes noir et bleu, les nez modelés dans du cartilage mal ajusté, les peaux cireuses, la bouche en gueule de chien méchant, ouverte et pendante, fermée et pincée, avalée, et les moues qu'ils font avec tout ça ; des airs de stupeur, d'indignation, des mines butées, l'agacement de l'incompréhension, le nez qui fronce et emmène la lèvre, groin de cochon désorienté ; le corps qui est en dessous, toute la construction mal agencée, débordante ici et creusée là, tordue, enflée, parfois réduite à des rotules carrées au bout des fémurs qui montent directement dans le dos, sans fesses.

— C'est un pylône ?

J'en vois qui ont le cou rouge et les joues blêmes, pour d'autres c'est l'inverse. Certaines femmes sont finement moustachues, des hommes, eux, ont des trous dans la barbe.

— Non, c'est une grue.

Les plus jeunes ont des traits ébauchés, chantiers en cours, le nez hésite sur le volume définitif, la joue large et rebondie cède du terrain devant l'avancée de la mâchoire, qui pousse de jour en jour, furieuse, toute en angle.

Les plus vieux ont l'œil chassieux au milieu d'un masque fondu ; avec le temps, la gueule entière est descendue d'un petit centimètre, elle reste accrochée au crâne par les oreilles, qui s'allongent aussi, sous le poids.

— C'est un mirador !

— Une tour de contrôle ?

Dans les yeux de beaucoup il n'y a plus rien depuis longtemps, à part un système complexe de transmission des images. Le plus souvent, ils ne regardent rien, même ce qui est devant leur nez. C'est comme si les yeux bavaient sur les choses. Et puis tout d'un coup, ils fixent un détail qu'il ne faut pas lâcher. Les hommes ont trop de cheveux, en touffe, en casque épais, ils les portent en bouquet, longues verges souples et luisantes implantées bas sur le front, ils passent dedans leurs doigts écartés en peigne ; ou bien ils les ont tous perdus, leurs cheveux, et le crâne plisse, orné seulement de verrues. Ils se sont parfois laissé pousser des rouflaquettes, haut sur les tempes.

Des femmes se figent dans une grimace qu'elles rêvent correctrice : elles pincent et tirent et écartent par leurs seuls muscles tout ce qui est mobile entre la base du cou et l'occiput. Chaque portion d'épiderme menace de flotter, glisser carrément hors du visage. Il y a aussi celles qui ne se sont jamais mêlées d'elles-mêmes, elles s'ignorent depuis toujours. Celles-ci pourrissent lentement et régulièrement, presque moins vite que les autres ; elles s'abandonnent au vert-de-gris uniforme qui les recouvre sans à-coup.

— Tout a été rasé ou bien il n'y a jamais rien eu ?

— C'est un poste frontière !... Mais pourquoi il y aurait un poste frontière ?

Quelques visages, une poignée tout au plus, sont sans défaut apparent ; gracieusement déposés en haut d'un corps en équilibre sur l'âge idéal, ils ont un regard lisse et fuyant, leur tête penche sur un côté. Ce sont des têtes mises à prix ; ils marchent les pieds en dedans, encore plus fragiles, plus périssables. Avec des peaux si fines sur des torses si ajustés, avec des épaules si mobiles et des genoux qui s'effacent sous de si longues cuisses qu'on devine aussitôt la glande et le viscère d'en dessous, il faudrait les embaumer tout de suite pour ne pas les voir se pourrir, s'abîmer, pour que le dedans fichu d'avance ne vienne pas contaminer ce joli dehors.

— C'est habité ? Y a comme une cabine, en haut du truc...

— Mais non, c'est vieux et abandonné, c'est… désaffecté, on dirait.
— C'est une zone militaire ?
— Plutôt un équipement de travaux publics.

Je les regarde et je les trouve tous formidables, magnifiques, et je vais le leur dire. Je commence pour moi, je répète tout bas :
— Vous êtes extraordinaires ! Non, c'est vrai ! Vraiment extraordinaires… Alors que de prime abord, pourtant, la plupart d'entre vous êtes excessivement laids. Vos vestes et vos pantalons tentent bien de contenir les plis velus, les creux mous, les aines et les aisselles laiteuses, mais rien ne peut vous aller tout à fait ; même vos tenues parfois parfaites ne font pas oublier grand-chose, et plus vous vous habillez, plus on devine ce qui tiraille et ballonne sous les tissus. Vos ruminations vous minent l'œil, vous bouffissent, achèvent le tableau. Ce que vous prenez pour des projets, vos avenirs, vos échéances, tout ça vous grêle les joues. Pourtant, là, tout de suite, occupés à comprendre où vous pouvez bien vous trouver, vous êtes formidablement beaux !
On ne m'entend pas marmonner sous le brouhaha des questions et des supputations à propos du machin plutôt métallique et plutôt haut, dressé quelque part devant nous. J'en profite pour m'encourager, hausser le ton imperceptiblement :
— Marthe, si tu veux leur dire, vas-y, tout le monde est là. Dis-leur qu'ils te font moins peur, qu'avec un peu de temps tu pourrais presque les embrasser, que tu voudrais tous les inviter chez ton père, on ferait une grande tablée de monstres, on rirait bouches grandes ouvertes, on parlerait de n'importe quoi, peu importe ! On ne s'entend

jamais dans les grandes tablées. Dis-leur, Nouvelle Marthe, du cran !

Le contrôleur redescend des gravats vers le train, soufflant, contrarié. Il passe derrière moi, à portée de voix.

— Monsieur Grège !!

Il ne se retourne pas.

— Michel Grège !! hou hou !!

Ses yeux effleurent à peine mon visage. Je le sens agacé.

— Michel Grège, vous me reconnaissez ? La porte… les cheveux dans la porte…

— … Eh bien quoi ? Vous ne voyez pas que j'ai à faire ? Vous allez encore m'ajouter du souci ? Je vous ai pourtant prévenue… !

Je prends une seconde d'appui sur le silence.

— Je voulais vous dire, monsieur Grège : je vous trouve formidable. Vous, et tous les autres.

Il recule d'un pas, livide, il cherche l'air, tourne la tête vers le grand blanc flou qui nous cerne, et en aspire un peu, bouche entrouverte. Préférerait-il se laisser tomber dans le néant, plutôt que recevoir un compliment de moi ? Ou est-il tout simplement ému ? Ses bottines ridicules, son uniforme, l'inquiétude qui le mouille me touchent. Je m'approche, je voudrais savoir faire le bruit de l'écume sur le sable, je me sens fondre d'empathie ; mais lui commence à grogner, tout bas, monte en crescendo, rougit, s'enflamme :

— Madame… les choses sont suffisamment difficiles comme ça… Vous voulez absolument me compliquer le boulot ?? SABOTER tout ?? C'est ça ? Je ne m'appelle pas Michel Grège ! JE NE ME SUIS JAMAIS APPELÉ MICHEL GRÈGE ! C'est mon nom de voyage, réservé à la communication avec les usagers ! Hier sur le Paris-Lyon, j'étais Jean Leblanc, demain dans le Marseille-Rouen je serai

Philippe Brun, ou Pierre Verdu !!… Parce que nous devons “personnaliser les échanges avec l’usager, tout en protégeant le mental des agents”… Voilà !!!…

J’ondule sous ma robe :

— Ben… je peux donc vous appeler Michel Grège, puisque je suis usagère…

Il s’éloigne, trébuche dans les éboulis, il crie :

— … C’est un nom réservé aux échanges HABITUELS avec des usagers HABITUELS !!…

Je reçois le coup, mais ne m’effondre pas. Je m’affaisse un peu quand même, jusqu’à m’asseoir sur les talons. Ma bouche est en ciment, mon ventre un flacon de cristal rempli d’ammoniaque. Des petits cailloux empoussièrent le bas de ma robe. Le vieil homme obstinément vivant s’approche de moi. Sa main noueuse effleurant mes cheveux, postillonnant beaucoup, il me chuchote une chanson dans un patois que je ne connais pas. Dans cette nouvelle vie, je peux dire exactement ce que je veux dire aux gens, je l’ai bien intégré maintenant. Mais eux répondent aussi ce qu’ils veulent. Je pense qu’il faudrait peut-être retravailler l’introduction de mes propos, une façon d’aborder les choses. Préparer le préambule, l’annonce, choisir l’angle d’insertion pour une meilleure trajectoire des questions. Ou alors chanter ? Crier les mots sans attendre de réponse ? Les mimer ? Cette voie-là pourrait être intéressante ; le mime. Exposer l’idée en gestes, et laisser les autres choisir les mots, ceux qui les arrangent, leur conviennent. Je veux essayer.

Je n’ai toujours pas déjeuné. Je ne sais plus s’il s’agit de faim, c’est une tension muette, tenue, permanente, une torsion déterminée. Quant à l’oreille, elle ne bourdonne pas, elle ne lance pas de douleur, elle coule. Un filet poisseux et incolore sillonne mon cou jusqu'à la clavicule. Je le goûte, c'est salé. Le vieil homme a fini de chanter, il tapote mon bras, il pense peut-être que je vais m'éteindre complètement dans les minutes qui suivent, et il attend, il surveille.

Je n'ai jamais cru au moment des contes où le héros se voit sauvé par un dénouement inattendu, alors qu'il n'y croyait plus ; pourtant c'est bien à cet instant précis de déconfiture que l'homme du local à photocopies appelle, une troisième fois. Secouriste miraculeux, c'est lui qui va permettre au poulpe de reprendre le large dans une impulsion majestueuse, sous l'admiration des milliers de petits poissons des hauts-fonds. Mais je ne le sais pas encore et, pour l'instant, je saisis mon sac à main parce que j'entends les premières notes du ricanement de la vilaine fée à la flûte.

— Allô ?

— … Fais un sourire, ma poule : tout le monde te regarde !!! Fais un beau sourire à la télévision, enfin… fais au mieux, va !!

Le blanc de l'air est brassé imperceptiblement, un souffle passe au-dessus de nous comme un frisson dans nos cheveux ; ce n'est pas du vent, juste un tremblement invisible. Des têtes se lèvent pour regarder, mais on sentirait aussi bien ce remuement alentour les yeux fermés.

— Qu'est-ce que tu fous là-bas ma turluteuse farceuse ? Hein ? Qu'est-ce que t'es allée t'emboucaner dans ce trou ?… Tu verrais ça vu d'en haut, ils sont en train de vous montrer aux infos… c'était le dernier sujet, j'étais prêt à éteindre… et pis l'hélico a zoomé sur vous… Je me suis dit : Mais !! C'est bien ma jolie ridicule à moi !!… avec ses petits camarades de train… vous ressemblez à une colonie de douk-douk parachutée dans le désert…

— Mais ils disent quoi ? Qu'on est où ?

L'hélicoptère est soudainement visible, un point à l'à-pic de la fin du train. En même temps qu'on l'aperçoit, on capte enfin le bruit de rotor.

— Ils ont dit qu'un train avait évité juste à temps un truc écroulé sur la voie, mais au début ils savaient pas ce que c'était, ce truc, ni l'endroit où vous êtes. Comme c'est sur la ligne du train, vous êtes pourtant forcément quelque part !

— … Oui mais à peine alors, c'est vraiment très vide par ici. Ça y est, on voit bien l'hélicoptère.

Je vois aussi l'homme qui ne s'appelle pas Michel Grège bondir de la voiture de tête, faire des signes vers l'hélico là-haut, très haut, dans un ciel voisin, pas tout à fait le nôtre.

— Ils ont dit que l'endroit s'appelle Val-Mourron… Alors j'ai pensé : les aventures de Miss la Turlute à Val-Mourron… Ouais, ça sonne pas mal…

Toujours accroupie, le nez à hauteur des pantalons chiffonnés, des bas de chemises en polyester tendues sur des estomacs bientôt cancéreux, des jupes aux fesses distendues, j'ai écarté mon téléphone et crié à la cantonade :

— Nous sommes à Val-Mourron !

Je garde ensuite un visage de femme discrètement dévouée, communicante efficace, n'hésitant pas un instant à partager. Un silence autour de moi ; tout de suite après, chacun commence à propager l'information, à d'autres plus éloignés, qui eux-mêmes font passer le message encore plus loin sur la ligne de crête : Nous sommes à Val-Mourron !

Je demande à l'homme du local à photocopies :

— C'est le nom de quoi, Val-Mourron ? Il y a un village par ici?

— D'abord, c'était un projet de station de ski de fond. Ils ont montré une photo de publicité de l'époque, ça disait : "Val-Mourron, votre prochaine station, Val-Mourron, vous y viendrez, au fond." Ça a été abandonné. Ils avaient hélitreuillé des canons à neige qui pouvaient projeter des cristaux d'eau gelée sur un périmètre de quatre cents mètres. Il en reste un seul, pas loin de vous.

J'écarte mon téléphone, et du même ton neutre, froidement serviable, je crie à la ronde :

— Le truc là-bas c'est un canon à neige ! Pour un projet de station de ski !

Un petit cercle s'est constitué autour de moi, on a compris que mon interlocuteur apportait des informations. La nouvelle part ensuite en ondes excentriques : LE TRUC LÀ-BAS C'EST UN CANON A NEIGE, POUR UN PROJET DE STATION DE SKI !... Le truc là-bas, c'est un canon à neige, pour un projet de station de ski !!... Le truc là-bas, c'est un canon à neige, pour un projet de station de ski !!...

En bas, le contrôleur tournicote et s'agite, son talkie-walkie à la main, sa casquette dans l'autre. Je recolle le téléphone sur mon oreille valide.

— ... T'es là ma Glantine, t'écoutes ? Ensuite il y a eu un projet de centre commercial entièrement dédié à la voiture. L'autoroute passait tout près, seulement, y avait pas de sortie à cet endroit. Ils ont aussi laissé tomber.

L'homme du local à photocopies, ce seigneur, a compris que je répercutais chacune de ses indications, aussi il fait une pause après chaque nouvel élément. Je répercute donc, du même ton d'abnégation, et là encore l'histoire de l'autoroute sans sortie part en ricochet à ma gauche et à ma droite, par bonds sonores, des plus proches aux plus lointains de notre groupe, car à nouveau je le sens, je le sais : nous sommes bien un groupe !

Un groupe au milieu duquel le poulpe rouge et violet s'est relevé, redressé, déployé et lumineux, du sommet de la colline de ruines, il s'offre aux caméras de l'hélico stationné dans les airs, qu'elles saisissent sa corolle scintillante, ses ondoiements diaprés. Moi seule sais que du pus coule de l'une de mes oreilles.

— Oui ? Et ensuite ?

— Tu fais la maligne, hein, Pépita ? Tu fais celle qui a les infos, hein ? J'l'entends d'ici que tu leur répètes tout… Alors tu vas leur dire qu'ensuite, ben, tu sais bien que c'est pas les idées qui manquent à nos élus, c'est même *congénial* à leur statut… il était question d'un projet de lotissement, tout près de l'autopont. Ils ont jamais été finis, les petits pavillons. Aucun promoteur n'a voulu s'en occuper, puisque le projet de centre commercial était enterré, oh et puis y a dû y avoir de l'arrangement, comme toujours… Le coin a fini par être oublié. Impossible à vendre, rien à fourguer… Et le presque autopont a pourri gentiment. Voilà, tu sais tout… Bon, quand est-ce que tu rentres ? Allez, raboule-toi, j'te ferai le gros train qui arrive à pleine bombe, et toi tu feras l'autopont, mais cette fois le train n'évitera pas l'obstacle… On va se faire une petite reconstitution, ma hérissonne… Tu vas voir si je fais pas un beau Mushi-Vongg…

Les autres se sont rapprochés de moi à petits pas, au plus près de mes manches larges et au ras de mes bottes… De piétinements timides en ripements de godasses, voilà les bestioles tout apprivoisées. Mes amis les petits animaux nerveux ont le cou tendu, se rehaussent du buste, guettent ma prochaine déclaration. Je vois le jeune homme décontracté à chaussures souples, il dépasse de la mosaïque de têtes, il s'enquiert des yeux, discrètement mais il s'enquiert. Je vois Serge, une main en cornet sur l'oreille, prêt à saisir chaque mot, toujours pragmatique et efficace, mon vieux Serge. J'entends la voix de Femme pointue découper des rondelles crues dans l'épaisseur de l'air, je devine Pelure proche, attentive. On me chuchote, on me suggère poliment, avec délicatesse, de poser les bonnes questions : Vont-ils nous sortir de là ? Quand ? Comment ?

Dans un silence recueilli, seulement brouillé par le souffle court du contrôleur qui remonte la pente de caillasses – il veut comprendre ce qu'ils peuvent bien fiche, tous groupés autour de moi –, dans cette communion d'impatience, je demande à mon téléphone :

— Ils ont dit quelque chose sur les secours ?

Un rire très lent, une toux de rigolade.

— … Oh oh !! Les secours !! Faut pas exagérer, vous êtes à dix ou douze bornes au plus d'une jolie bourgade !… Y avait le grand patron des trains à la télé, on lui tendait le micro, alors, on voyait bien que c'était à l'écorche-cul, mais il a dit qu'il vous envoyait des bus, et qu'il vous payait une bouffe à tous… T'as gagné ça dans l'affaire, ma velue…

Les autres perçoivent bien que le chuintement dans le téléphone a cessé. C'est à moi de parler. Je détiens une réponse, ils attendent. Je savoure la seconde.

On nous envoie donc des bus. J'étais pourtant si bien, ici !! Libre de déambuler dans ce rien, ce vestige de projet immobilier, cette non-station de ski de fond… Nous sommes les visiteurs du ratage, et je me serais bien domiciliée ici, résidente au Mourron-La Foirade, lieu fui, même pas maudit.

Je me raisonne. Tout à l'heure, on m'a obligée à descendre du train, j'ai cru le regretter, j'ai presque flanché. Je sais maintenant que c'était entrer de plain-pied dans ma légende, dans l'ère de ma reconnaissance, l'Ere du Poulpe. Je les ai vus, me regarder comme les dix plaies d'Egypte, j'étais à la fois l'invasion de moucherons, de grenouilles, de vermine, la peste des troupeaux, les pustules sur les hommes. Maintenant ils s'agglutinent autour de mes jupes, ils se mangent les lèvres en espérant mes mots. Alors courage, Marthe, garde ce cap, et pense à ce qui t'attend : quelle belle tablée ce sera, tout à l'heure, si nombreuse, une grande tablée bruyante et chaude !! Et ensuite, d'autres surprises encore, qui sait ?

Je décide de leur mimer ce qui nous attend.

Je dépose mon sac à main et je place mon téléphone dessus, toujours en ligne avec le prince des locaux aveugles.

Je fais le tour de tous les visages, un par un, je prends mon temps : c'est l'introduction, l'amorce. J'entends grogner :

— Alors, elle va parler ?

— Qu'est-ce qu'on lui a répondu ?

— On vous a dit quoi ? A qui vous téléphonez, d'abord ?

Les hommes qui travaillent se grattent sous la mâchoire, avant de caler leurs mains sous les aisselles, bras croisés ; ils plissent les paupières d'agacement mal contenu, l'insulte n'est pas loin.

Je commence par le plus simple : "Tous ensemble..." Les bras ronds qui englobent l'assistance, les mains qui dessinent un cercle large. Je fais de mon mieux, je me concentre ; les manches en pagode suivent amplement mes gestes, je dois ressembler à un prédicateur.

— Quoi ?
— Nous ?
— Ben oui, ça veut dire “nous”, je suppose !
— Oui, bon, ben quoi ??
— Mais elle peut pas simplement dire les choses ?
— CCCCHHHHUUUtttt !! Mais taisez-vous, regardez-la !

C’est le vieil homme vivant qui a imposé le silence, celui qui parlait au train et chantait en patois. Les autres se taisent à peu près, ils piaffent et ronchonnent mais, cette fois, ils sont bien obligés de me prêter attention et de m’attendre.

Je continue : “… nous allons tous prendre un bus…” Je ferme les doigts sur un volant imaginaire, un grand volant, puisque c’est un autobus. Puis, pour affiner encore : à nouveau les bras ronds qui englobent l’assistance, deux trois pas, et je monte les marches imaginaires du bus, et je fais mine de m’asseoir à une place près d’une fenêtre.

— On va conduire ?
— On va remonter dans le train ?

Je mime à nouveau le grand volant.

— Une voiture ?

J’écarte les mains encore plus.

— Un camion ?
— Un autobus ?

J’acquiesce aussitôt, d’un simple battement de paupières adressé à tous, bouche fermée. Le mot est aussitôt repris en rafale, sur tous les tons :

— En autobus ! En autobus ??… Un autobus…

La dame qui a prononcé le mot la première est toute chose d’avoir compris avant les autres. Elle et moi échangeons un coup d’œil de connivence, nous frissonnons de victoire. Petite et trapue, elle porte de grandes lunettes rondes derrière lesquelles s’ouvrent des yeux mouillés d’un atroce espoir. Plus tard, cette nouvelle amie m'apprendra que la vie vient de lui apporter un petit-fils, des nouvelles de son mari volatilisé depuis huit ans, et un cancer du sein. Pour l'instant, Grenouille optimiste n'est qu'une alliée de principe, une consœur, un point d'appui dans la masse hostile. Deux hommes qui travaillent s'approchent en jouant des coudes, l'air de dire que cette fois, assez ri, s'il y a des choses à comprendre ou à traduire, les voici. Les laisser passer oblige à descendre à reculons sur une des deux pentes qui partent du sommet, la crête n'est pas assez large pour contenir tout ce monde de front. Des blocs de pierre branlent et hésitent à se fendre, et si un seul d'entre nous change de place, ses voisins doivent chercher aussitôt une nouvelle configuration de leurs pieds sur les surfaces lisses. On bouscule le vieux, il proteste qu'il a besoin de pisser, nous attendons qu'il vide sa vessie. Il met du temps, mais personne n'ose se retourner. Le contrôleur gravit les décombres, des pieds et des mains, tout en ahans ; il enrage de les voir écouter la messe que je donne, il me cherche en toussant des avertissements :

— Qu'est-ce qu'elle fiche ? Qu'est-ce qu'elle raconte ? C'est pas vrai !!

Il ne me fait pas peur. Je savoure mon succès et la qualité d'écoute de l'assemblée, et je me félicite, à toute vitesse pour ne pas perdre de temps ni me déconcentrer. Le moment est crucial ; prendre la main est toujours faisable, la garder est le plus difficile. Il est temps que je mime la suite : "… nous irons dans la bourgade la plus proche…"

Je dois le reconnaître, je me laisse aller à un perfectionnisme qui n'est pas forcément nécessaire, je pense à ce qui peut définir une bourgade : les pizzerias, les distributeurs de billets de banque…

Je choisis de tenter la gestuelle du retrait d'argent dans un distributeur. Aussitôt, le public décroche, désorienté. Les enfants s'en mêlent :

— La dame, elle joue du piano en faux ?

— Il faut qu'on téléphone ?

Les hommes qui travaillent commencent à faire trembler une de leurs jambes, certains, en même temps, claquent des mâchoires.

L'appréhension serre ma poitrine à l'idée que la panique pourrait m'envahir. Je passe en revue les équipements urbains reconnaissables par tous : un magasin de téléphones portables, un restaurant de hamburgers à emporter, beaucoup de ronds-points à sens giratoire avec des fleurs plantées de façon à écrire "Bienvenue", une parapharmacie, un magasin de location de films, un supermarché, une station-essence, une concession automobile, une agence immobilière. Je tente plusieurs mimes, dont l'automobiliste qui fait le plein d'essence. Aucun n'est compris.

— Elle arrose des fleurs ?

— CCChhhtt !

— Mais quoi, chut ? De toute façon, elle ne dit rien !

— Oui mais on comprend mieux sans bruit !

Une mauvaise chaleur gagne mes yeux, ma gorge, et par réflexe je passe la main sur mon cou pour essuyer la coulure de pus qui me chatouille.

— Elle met une écharpe ? Il va faire froid ?

On ricane, maintenant, j'entends bien qu'on ricane et qu'on chuchote, et moi je m'agite, je danse un mime après l'autre, je me secoue, je jette mes mains dans l'air, tords ma bouche, éparpille mes pieds, mes épaules, et puis je rassemble tout sous moi… Je mime la femme un samedi soir de cafard qui choisit un DVD à l'automate de sa rue, je fais l'affiche en papier glacé collée dans la vitrine, avec l'actrice grandeur nature qui se découpe sur fond jaune, je fais le feu tricolore aux heures creuses de la nuit, programmé pour clignoter à l'orange, je fais le téléphone portable qu'on peut avoir pour un euro grâce aux points de fidélité, un téléphone ovale en métal brossé irisé, décoré de motifs orientaux, je mime le dénivelé du trottoir au passage piéton, je mime les panneaux publicitaires à déroulement automatique, les lampadaires, les poubelles de rue à sac transparent, je mime les ordures.

L'hélicoptère nous survole du plus près possible, son vrombissement m'empêche de réfléchir ; les murmures et les rires courent plus vite sur les pierres. Je m'appelle, je me convoque : Marthe !!

Une voix s'élève contre ma nuque ; le timbre est agréable mais le ton, ferme. Pas le temps de m'interdire de me retourner, trop tard, je me suis retournée. Je fais face à l'homme aux cheveux de soie ; le costume et la peau sont chiffonnés, mais ses touffes noires brillent dans l'air terne du Mourron. Il hoche la tête sans lever les yeux :

— … Bien. Si nous allions au fait ?

C'est vrai, me dis-je, Marthe, ne perds plus de temps, le mieux est l'ennemi du bien, tu étais si proche de te faire entendre ! Déjà on aperçoit la tête du contrôleur, le voilà qui émerge, il vient sur toi, vite, Marthe !!

Je recommence la cueillette des regards un par un, pour signifier que je vais reprendre mon propos. On m'accorde un sursis, aussi je choisis d'annoncer le plus simple : "… nous allons tous dîner gratis !"

Mes mains aux doigts joints comme pour une pincée de sel, qui se dirigent gloutonnement l'une après l'autre vers la bouche.

Un temps, puis les mines s'éclairent, les sourires montent :

— On va aller manger ?

— Manger ? C'est ça ??

— C'est ça !!

J'opine du chef, je valide, muette.

Il reste à indiquer le "gratis". De chaque main, le pouce qui frotte l'index, voilà pour l'argent ; avec le visage, je pose une question, les sourcils levés haut. Et aussitôt après, je donne la réponse : l'index qui fait non non non, de droite et de gauche, et la tête qui accompagne. J'exécute très vite ce mime, car j'entends les pas du contrôleur sur les cailloux tout proches, je le vois par intermittence, à la lisière du groupe, dans le haut de la pente, un pied plus haut que l'autre, en dahu. Il a remis sa casquette, il fulmine.

Je mime, je mime, je continue ma litanie : miam-miam, gratis, tous ensemble, miam-miam, gratis…

Alors Pelure, surgie du bloc humain, moite comme la terre sous la rosée, les collants marron flottants sur ses chevilles maigres, pousse sa voix au maximum et miaule :

— On va tous aller manger gratuitement !!

Les deux mains tendues paumes ouvertes vers Pelure de pomme de terre, j'indique que la traduction est exacte. Les rires éclatent, des vrais rires sans moquerie, et des exclamations de joie, et même des vivats. Progressivement, le soulagement gagne chacun ; il y aura donc des secours, des autobus, et un repas ! Nous nous souvenons soudain que nous avons très faim. Bientôt tout le train débarqué est en fête, la fête des ventres vides qu'on va remplir, la fin du rien, la promesse du retour en ville, la quille.

Pelure a la mine rosée d'une pomme de terre nouvelle, ses lèvres un peu tordues ne sont pas tout à fait l'une en face de l'autre ; mais elle les étire en un sourire entier lorsque Femme pointue nous rejoint, mi-figue mi-raisin.

— Eh bien dis-moi, Marianne !!!… Quelle sortie !

Le visage de Pelure s'enfonce entre ses épaules, comme les chiots articulés qu'on pose à l'arrière des voitures, ceux qui branlent du chef à chaque coup de frein :

— Oh ben… Oui !!… un petit peu… !!!

Autour de nous l'agitation, les rires, les commentaires joyeux engloutissent la colère du contrôleur ; il a beau vociférer, on le remercie.

— Ah monsieur le contrôleur ! Merci monsieur le contrôleur ! On va pouvoir se restaurer, alors !! C'est pas pour moi, hein, c'est pour le petit, j'avais prévu qu'un goûter…

— Alors il est où, ce restaurant, monsieur le contrôleur ? Et les bus ? Ils sont où les bus ?

Il répond qu'il est responsable de voyage, et non contrôleur, il dit qu'il n'a pas reçu d'informations officielles ; des yeux, il m'annonce qu'il aura ma peau. Moi je glisse, fluide, je m'élargis comme une rivière en crue au printemps, je cascade et je rie, mains ouvertes et estomac au vent, parmi les gens.

Le vieux vivant me tend un pouce levé accompagné d'un clin d'œil. On me tapote l'épaule, on m'entoure, si on me marche sur les pieds, on s'excuse aussitôt ; enfin c'est la liesse, le rapprochement des bêtes, la danse sur le dos de l'autopont effondré.

Grenouille optimiste approche, ses immenses yeux embués, elle sourit bouche ouverte, attrape le pan de tissu de ma manche qu'elle tortille comme un doudou. Elle veut me féliciter.

— Oh ben… Ça… C'était formidable, hein !! Faut savoir faire une chose pareille ! Sûrement tout un métier !!… Moi qui ne sais rien faire, j'ai trouvé ça é-pa-tant !!

— Oh non, c'est pas mon métier !… moi je n'en ai pas, de métier, oh là non…

J'abandonne Grenouille optimiste et je bouscule des hommes qui travaillent, occupés à exhiber leur bonne humeur, leur aptitude à se réjouir, et, si le contexte le réclame, à ne pas travailler. Je les pousse un peu pour récupérer mon sac à main et le téléphone resté dessus.

— Tu… tu es toujours là ?

L'ange du recto verso est resté en ligne.

— Eh ben, ça y est ? T'as fini ta causerie ? Dis donc, vous faites un de ces raffuts… Bon, j'ai patienté, parce que je voulais te dire : je raccroche, c'est bientôt l'heure du tirage du loto. Bonne bouffe.

Je range le téléphone, exténuée, comblée, moitié sourde, mais si neuve. Je ferme les yeux à demi, je les regarde se réjouir ; de nouveau ils savent ce qu'ils attendent, une chose connue, précise : les autobus. Je sens une présence, l'odeur d'une moiteur récente sur une chemise imprégnée d'une suée séchée, plus ancienne. Je perçois une respiration difficile, à bout, glaireuse. Le contrôleur est là, les mains pendantes tout au bout de ses bras, proche du sanglot.

— … mais… Pourquoi vous faites tout ça ? Pourquoi ?? Vous… vous faites partie de la commission de contrôle des agents de voyage ?… C'est ça ?

Puisque le monde m'a accueillie tout récemment, je prends cet homme et sa détresse visqueuse dans mes bras, et ils se laissent faire. De près, il ressemble aux animaux écorchés exposés dans les écoles vétérinaires, couvert de veinules bleues et rouges, les dents par-dessus les gencives, le blanc de l'œil brillant, comme vernis.

— Allez… Je trouve vos bottines épouvantables, mais sinon vous avez vraiment fait de votre mieux. Ça ne doit pas être drôle tous les jours, ce boulot… Voulez-vous me dire votre vrai nom ?

— … Jean… Jean Perleray.

— Voilà, c'est mieux comme ça…

Pendant qu'il se mouche un peu sur mon épaule, je me tiens bien droite, je ne me recule, ni ne m'affaisse.

Avant d'entamer la descente des ruines, nous marquons un temps. L'hélicoptère est reparti au-delà du jour laiteux, a disparu derrière la gaze fine qui nous recouvre. Et puis les bus sont arrivés, trois points au loin, des cafards galopant au ras du sol. On les a regardés émerger du rien, rouler vers nous. On s'est assis sur les pierres. Une première femme s'est installée sur un des blocs fracassés, puis a fait asseoir près d'elle son enfant ; et chacun a décidé de chercher un emplacement plat et stable de la largeur d'un siège, tourné dans la direction du canon à neige, pour regarder tranquillement les autobus s'approcher et se dessiner, tour de roue après tour de roue.

La luminosité s'amoindrit encore un peu, on ne peut pas dire que le jour baisse puisqu'il n'était pas haut, on n'a d'ailleurs jamais compris d'où il venait, on n'a pas trouvé le ciel. Mais on pourrait penser qu'un genre de pré-soir approche. Installés sur feu l'autopont où nous nous sentons aussi petits que les figurines d'une boule à neige, nous scrutons une dernière fois cette étendue réfractaire aux projets, avant l'embarquement pour la grande boustifaille gratis.

Les hommes qui travaillent se sont assis par groupes, un genou remonté, la veste pliée sur une cuisse. Dans cette posture, les chaussettes sont bien visibles : en fil de laine pour certains, gris anthracite, noir, gris moyen ; ceux-là ont hésité à s'asseoir sur la roche, parlent peu. En mélange de nylon et coton pour la plupart, rouges à motifs vespas, éléphants ou cœurs. En coton blanc à grosses côtes pour celui qui parle, il dit qu'il a fait construire près de chez sa belle-sœur, il dit qu'il n'a plus que trois ans à tirer.

Tous se préparent à quitter le Mourron, ils sont déjà ailleurs ; à moins qu'ils n'aient transformé les lieux en rêvant. Dans leurs yeux se dressent le parking géant du centre commercial dédié à la voiture, les pavillons du lotissement. Ils ravalent leur salive d'émotion, évaluent les flux d'argent qui pourraient monter de cette terre plus sûrement que des tourbillons de poussière.

De leur regard fixe, ils remplissent l'espace ; des navettes déversent des skieurs de fond sur des champs de neige artificielle. Ils voient distinctement les boutiques de location de matériel, les présentoirs à cartes postales, les restaurants et puis, pour l'été, la piscine à toboggans.

— C'est quand même étrange… ils n'avaient pas fait d'étude de marché, alors ?…

— … un problème d'assurance, peut-être…

Et ils contemplent ce désert qui gît à nos pieds, obstinément silencieux, noirci par le début de nuit. Pas d'éclairage public, aucun néon, seulement les halos jaunes des phares des bus ; bateaux mouvants dans le brouillard.

Ma robe s'est étalée autour de moi, son ourlet coincé sous le pied d'un homme qui, en parlant, a allongé les jambes dessus. Je bouge le moins possible, pour ne pas réveiller mes furies, l'oreille, l'estomac, le crâne.

Les contours s'estompent, surtout les nôtres ; il n'y a pas grand-chose qui ait une forme fixe par ici. Les ruines de l'autopont apparaissent moins effrayantes, moins coupantes, l'entassement n'est plus si abrupt. Dans ce reste de visibilité, le train en contrebas est devenu un tunnel gris, un énorme tuyau sans fin. Les voix qui montent, pas bien haut, correspondent de moins en moins aux bouches qui parlent. Les mots flottent en un ruban distinct des corps, affranchis de nous. Grenouille optimiste s'est installée près de moi, tout près de moi. Je peine à m'habituer à la promiscuité qu'elle crée naturellement ; c'est une personne qui est soit tout à fait ailleurs, soit sur vous, collée à votre flanc. Elle me hume par-dessous ses lunettes, explore le tissu de ma robe, choisit la partie qu'elle triturera en me souriant.

Le vieux s'est retrouvé assis aux pieds de Grenouille, dans le début de la pente. Il laisse ses bras et ses jambes fatigués se disposer comme ils peuvent autour de lui, il écoute le murmure des autobus. En temps normal il aurait vérifié l'heure, désormais cela n'a plus d'intérêt. Tous ont peu à peu renoncé à surveiller l'heure, bien avant que les cadrans de montre ne se fondent dans l'obscurité. Le vieux se tourne, une épaule en arrière, il semble vouloir dire quelque chose. On ne sait s'il s'adresse à moi seule, à Grenouille et moi, ou à toute la colonie humaine.

— Ah ! J'ai vu ma cage à oiseaux là-bas… c'est bien, ils ne me l'ont pas perdue.

Il n'en fallait pas plus à Grenouille, sa voix répond aussitôt :

— Vous transportez des oiseaux ?

En même temps, elle progresse par petits bonds sur les fesses pour se rapprocher du bord de la crête, à mi-chemin de lui et moi.

— Des oiseaux ? Non, non ! Dans la cage, j'y mets mes embauchoirs. Mais de très beaux embauchoirs, en bois blond, avec un ressort nickelé !

Je ne suis pas sûre que le vieux sache exactement à qui il répond, mais cela ne semble perturber personne, alors je parle aussi, sans savoir à qui :

— A ce moment-là du soir, mon père dit que c'est l'heure où les lions vont boire.

Grenouille répond à tout et à tous, elle rebondit sur les voix, on entend nettement dans la sienne son large sourire dévoreur d'espoir :

— Vous avez encore votre papa ? Ça, c'est bien. Moi qui vous parle, j'ai perdu père et mère… Bah, c'est logique que les vieilles comme moi n'aient plus leur maman ni leur papa…

Mes propres mots partent en syllabes détachées dans la pénombre, au hasard, à la dérive :

— A cette heure-là, mon père doit pisser, pieds nus, quelque part dans le jardin sombre. D'abord, j'ai remarqué, il cherche toujours du bout du pied un petit chardon ou même une ortie, quelque chose de désagréable, une racine bien dure peut faire l'affaire. Quand il a trouvé, il se cale les pieds dessus, et il pisse. Souvent il se met dans le coin des poiriers, on pourrait croire qu'il en profite pour voir s'ils sont prêts à donner des fruits, mais moi je sais qu'il s'en fout, des poires… elles viennent si elles veulent, sinon tant pis… Il va sous le poirier parce qu'il y a plein d'orties et de fourmilières par là ; je parie que dès la première goutte d'urine il doit sentir les insectes se précipiter pour goûter, grimper sur ses orteils en marteau, à travers ses poils, et remonter le mollet en slalomant parmi varices et taches de son.

— … Faut qu'il en profite, parce que tout ça passe vite, et moi qui vous parle, je le sais : je viens d'apprendre que j'ai un cancer du sein, oui !!! Moi qui ne sais pourtant rien faire !!! Seulement je ne m'inquiète pas, parce que les médecins m'ont bien dit : c'en est un lent ! Très lent ! Je mourrai avant qu'il m'ait, je mourrai d'autre chose, ils m'ont dit ! Bon !… Mes filles l'ont fait savoir à leur père, qui était bloqué dans une réunion de travail depuis huit ans…

La voix du vieux flotte entre nos chevilles, sans doute s'est-il allongé :

— Je ne me vois pas partir pour des semaines chez mes enfants sans mes embauchoirs, et je ne vois pas mieux que ma cage pour les transporter. Les trois paires tiennent pile dedans !… Pour le nombre d'oiseaux moches qu'on voit dans des jolies cages ouvragées !… je préfère mes embauchoirs…

Grenouille branle du chef, sans jamais cesser de faire entendre son optimisme :

— Ah ça, je comprends qu'on ait ses habitudes ! Moi qui vous parle, et même si je ne sais pour ainsi dire rien faire, j'ai toujours mes manies…

Jean Perleray – *alias* Michel Grège – est posté à côté de nos valises, il attend les autobus et surveille nos affaires regroupées au pied des ruines, comme un gardien de musée protège une installation fragile.

— Je crois que s'il aime pisser les pieds dans les orties, c'est pour éprouver le frisson de leur morsure à travers la peau. Les nerfs conduisent encore le picotement jusqu'à son cerveau, il est debout sur les orties, et non allongé dessous. C'est pour bien profiter, avant de ne plus rien sentir du tout.

— Ils étaient trois pour m'expliquer la chimiothérapie, la radiothérapie, l'opération, la reconstruction mammaire : tout ! Et d'ailleurs c'était très clair, drôlement bien détaillé. Un interne est arrivé, avec sous le bras mon dossier médical. Ils ont parlé un peu ensemble, et puis leur espèce de chef m'a dit : Allez madame, on vous libère ! Rentrez chez vous, et profitez de votre famille. Vous avez des petits-enfants ? Oui, j'ai dit, un petit-fils, il vient de naître. Alors allez donc le voir !

— Il doit redouter de ne plus sentir les orties… peut-être que ça lui manque déjà… La dernière fois que je l'ai vu, il en prenait à pleines mains, il s'en faisait des bouquets…

— Là-dessus, la réunion de travail de mon mari s'est terminée, et il est revenu. Avec presque le même costume qu'il y a huit ans. Incroyable, hein ? Moi qui ne suis douée pour rien, je ne sais pas comment tout ça peut m'arriver…

Les cars ont stationné au ras des pierres, les chauffeurs n'ont pas tout de suite coupé les moteurs ; on les entendait vrombir doucement sans les voir, on les devinait derrière les six cercles de lueur sale.

Jean Perleray s'est levé. A nouveau il s'agite, se place dans la clarté des phares, nous fait des signes, appelle, tout en continuant ses déambulations ; d'un seul pas de côté, le voici hors du rai de lumière, on ne le voit plus du tout. Il enjambe l'éclairage, à cheval entre jour et nuit, son corps est une moitié. Tel le lutin d'une lanterne magique, il apparaît et disparaît, monte dans un bus, en ressort, lève les bras vers nos silhouettes.

Nous nous décidons à descendre du sommet. Le moment du crépuscule s'est achevé ; il ne ressemblait en rien à la fin d'un jour qui nous serait compté. Il n'a rien suggéré qu'on puisse regretter ni espérer, n'a offert ni couleurs ni plomb, un crépuscule sans commentaire. Maintenant, l'obscurité gagne le Mourron. De la même façon qu'il ne faisait pas grand jour, la nuit n'est pas tout à fait noire ; ce n'est qu'un passage plus opaque, sans brillance ni éclat de lune. Nous progressons à reculons, égaillés dans les éboulis, nous caressons les pierres jusqu'à sentir une faille où s'agripper, nous serrons la main inconnue qui nous saisit. Beaucoup se déchaussent, les enfants rient, c'est presque un long bain de minuit.

Une fois en bas, nous cherchons à récupérer nos bagages. Dans les pleins phares, le noir d'une valise paraît bleu, plusieurs mains se disputent la même poignée, c'est la cohue. Il est décidé de laisser les hommes, tous ceux qui le pourront, charger les bagages en vrac dans les soutes des bus ; l'important est de partir. Nous vérifions ainsi que le Mourron est un endroit où on n'insiste pas, sur aucun point ; un lieu qui incite à la capitulation. Des files se forment pour monter dans les véhicules, se défont. Il faut choisir entre être ébloui de lumière, les yeux crevés d'un torrent d'or boueux, ou plongé dans la pénombre, à tituber sur le sol pourtant lisse, en cherchant un repère parmi les reflets projetés sur la tôle du train. Les porteurs se bousculent, trébuchent, une main en visière pour distinguer ce qu'il faut ramasser. Les chauffeurs démarrent les bus, demandent si tout le monde est là. Où pourrait-on être ? Un enfant s'est éloigné, sa mère l'appelle, il revient épouvanté, il hurle. Du doigt il montre un géant découpé en ombre chinoise sur le flanc du premier wagon. Le géant, courbé, tient à bout de bras une large fourchette, dents vers le bas, avec ce qui semble être des petits corps empalés sur chaque dent de l'instrument, des corps tremblotant ; le géant avance sur nous, lentement mais régulièrement. Nous reculons, nous battons en retraite vers les véhicules, les plus effrayés se collent déjà le dos contre les capots, se brûlent aux globes des phares ; Jean-Michel recule aussi, mais écarte bravement ses bras maigres au-devant des dizaines de passagers débarqués.

Quittant tout à coup l'obscurité, le géant s'avance en pleins feux, et nous découvrons le vieux, qui n'est pas bien grand, sa cage à oiseau à la main, les embauchoirs s'entrechoquant à chaque pas ; il la brandit haut et, d'une voix émue, il prévient le magma d'ombres, il lance un avertissement aux autobus, au Mourron et à ses fantômes :

— Ma cage, je la prends avec moi, elle n'ira pas en soute !!

Jean-Michel laisse retomber ses bras.

Je me suis assise tout au fond du bus, au fond et dans un coin. Mon sac à main sur les genoux, et mes mains sur le sac. Le vide blanc persiste sur ma rétine, il se superpose au gris mélangé du soir bizarre, cela jette un voile feutré sur l'intérieur de l'autobus. Les housses des sièges sont à gros carreaux verts et jaunes, chaque fauteuil dispose d'une puissante lampe-plafonnier, d'un cendrier métallique ; sur les fenêtres, des inscriptions autocollantes demandent de ne pas baisser la vitre sans l'autorisation du chauffeur, même pour vomir. Il y a des écrans de télévision suspendus, des rideaux en lainage bleu marine à plis accordéon, et les accoudoirs se relèvent, si on veut.

Les voix ont brutalement réintégré les bouches. Même les visages des enfants sont froissés. Là-bas, Pelure s'installe près de Femme pointue. Grenouille poursuit une conversation avec le vieux, la cage à leurs pieds. Les hommes qui travaillent sont dans un autre bus, la jeune fille à nuque de velours et son ami aussi. Serge est assis tout devant, près du chauffeur, toujours solidaire des professionnels, au plus près des fourneaux, des moteurs. Jean Perleray est apparu plusieurs fois sur le seuil de la portière, avant de disparaître dans un grincement du marchepied. Les bus ont démarré, il courait encore entre les roues noires, comptant, appelant. Il est enfin monté dans le dernier véhicule, et le convoi entier a quitté le Mourron.

Le chauffeur a mis la radio et aussi le chauffage, la combinaison des deux est un peu écœurante, me donne l'impression de transpirer du grésillement, une suée des mots hachés. Mon voisin dort déjà, les pommettes mauves sous la veilleuse, la mâchoire d'en bas tombée, les lèvres ouvertes sur son intérieur sombre et mouillé. A mon tour je me détends et je m'enfonce, je sais que nous nous retrouverons bientôt, les bestioles et moi, à la même table. Avant de m'assoupir, je jette un œil sur mon téléphone. Il affiche un message : on me demande de rappeler un numéro.

Je ne connais pas ce numéro, et il n'y a pas de signature. Ça ressemble à un message qui ne me concernerait pas, ça ressemble à l'appel que j'ai reçu chez moi, le jour où j'ai décidé de changer de vie. Peut-être que cela ne regarde que mon ancienne vie justement, l'autre Marthe. Je préfère rêver au fatras des pierres sous la brume, et au Mushi-Vongg immobilisé, figé dans sa gelée de silence.

C'est ça que je veux faire, alors je vais le faire. Je ferme les yeux.

Crois-tu, Marthe, me demandé-je la joue posée contre la vitre, liseuse éteinte, à l'abri de mes bras croisés, crois-tu avoir oublié quelque chose au Mourron ? Es-tu sûre qu'il n'y avait rien de plus à faire pour toi, là-bas ?

Bercée par le remuement de l'autobus, je m'imagine retourner aux ruines, seule dans la nuit, les franchir, redescendre l'autre versant, puis m'avancer pieds nus sur la terre invisible et plate, sans cap, sans peur, sans même tendre les mains.

Je marcherai d'un bon pas, il n'y a rien sur quoi buter là-bas, à peine sentirai-je les gravillons sous mes orteils ; j'avancerai confiante dans la nuit muette, je pourrais y être dévêtue, entièrement nue pour plus de tranquillité, tout à fait débarrassée de moi, concentrée.

Si je le peux encore, je ferai revenir le sourire perdu. Ce sourire ouvert et inconscient, impudique, le sourire de juste avant le rire, le sourire qui vient quand tout ne fait qu'à peine commencer, sans même qu'on sache que ça commence, sans qu'on ait seulement l'idée que cela puisse se terminer. Comme le nourrisson aux yeux graves scrute celui qui le porte, avant d'écarter tout à coup les lèvres en un ovale rieur, prêt à avaler une énorme cuillerée de tout ce qu'on lui tendra, je fouille l'anthracite tiède qui entoure mon corps, j'écarquille les yeux, j'écoute au-dedans de moi.

Le sourire dont je me souviens immobilise, bloque les secondes, accroît le relief sonore. Il date d'une autre vie, plus légère et instinctive, plus animale, plus fière aussi. Je le sens monter, je crois que… ça y est je l'ai !

J'ouvre les bras, ma poitrine se soulève, des cloches pourraient sonner, rien ne m'étonnerait ; ce sourire-là cogne aux tempes, il me venait pour une chanson aimée, pour un clin d'œil, la promesse d'une assiette de pain perdu. Il venait en hommage à mon corps valide, à ses pouvoirs magiques – parler, toucher, courir –, à la découverte d'un ver luisant roulé dans l'herbe une nuit d'été. A la vue de mon père accordant son banjo, parce qu'il m'avait chuchoté une de nos blagues du bout des yeux, inutile de la dire, nous les savions par cœur.

Le voici revenu, je l'ai ! Je sens ma peau emportée, j'en frissonne sous mon sourire. Et peu importe qu'il soit seyant ou non, je ne veux surtout pas voir la tête qu'il me fait, je souris dans l'étendue de la nuit, bras ouverts, l'air noir passe entre mes jambes nues, je souris comme on crie.

Je chercherai aussi la femme qui s'était moquée, qui avait giflé ma gaieté. Je la trouverai, je la reconnaîtrai. Ce n'était ni une amie, ni une parente, sinon j'aurais un peu mieux compris, il y aurait eu dans ce cas tant de raisons possibles, hélas. Non, cette femme croisait parfois mon chemin, une presque inconnue, mais il m'a semblé qu'elle agissait au nom des autres, en porte-parole ; représentante des victimes exaspérées de mes sourires niais, détentrice de toutes les raisons de ne pas sourire. Après elle j'ai appris à me surveiller, à douter, à pincer mes lèvres comme on tire sur sa jupe, au cas où, sait-on jamais. J'ai ensuite dressé la longue liste de toutes les raisons, j'en ai trouvé des quantités. Cette femme m'a heureusement alertée, pensais-je alors, je lui dois une fière chandelle. J'ai certainement moins souri, ensuite, en m'attablant avec mon père, en goûtant ses plats, en lui souhaitant bonne nuit. Je me suis contentée de ses gaietés à lui, de ses rires muets. Faute de m'autoriser mes sourires, je guettais les siens pour les capturer, les emporter et les goûter en cachette.

Je marcherai sans sentir mes pas, je glisserai sur mon enthousiasme, j'arpenterai le Mourron jusqu'à ses confins. On détectera peut-être ma présence, et même si brutalement le canon à neige se transforme en projecteur, si on me douche de lumière, si on m'asperge d'une blancheur crue pour savoir quelle bête perdue furète dans la nuit creuse, je resterai droite, nue et hilare, face aux regards.

Le chauffeur change de station de radio, mon voisin referme la bouche. Le sourire est là, préparé en moi, pas éclos encore sauf dans mon rêve ; je le ferai venir, dès que possible.

V

On se réveille parce que les bus se sont garés et ont ouvert leurs portes, dans un dernier tremblement de leur carcasse métallique.

Autour de nous s'étend l'immense parking d'un centre commercial, fermé et désert à cette heure ; des centaines de rectangles blancs sont peints au sol, en quinconce. A l'horizon, des enseignes lumineuses, des feux clignotants, alternés, des logos fluorescents, le départ d'un faisceau de laser dont le trait se perd dans le ciel.

En haut d'une volée de marches, des réverbères éclairent l'entrée d'un restaurant, italien sans doute. Les fenêtres teintées de rouge coulis de tomates sont entourées d'olives en plastique noir, la porte d'entrée imite une tranche de mozzarella, la poignée une lamelle de jambon.

Quelqu'un demande si nous nous trouvons dans un parc à thème ; mais non ! répondent plusieurs voix, c'est une nouvelle chaîne de restaurants, et un homme qui travaille précise qu'il s'agit d'un concept milieu de gamme testé dans les sous-préfectures. L'équipe du personnel au complet est sur les marches, ils nous détaillent, furieux et curieux : à qui doivent-ils la nuit de travail qui les attend ? Nous descendons mollement des autobus, ensuqués ; nous voudrions d'abord, absolument toutes et tous, faire pipi. Il faut traverser la vaste salle bariolée, slalomer entre les sièges en poivrons verts, jaunes ou rouges, éviter les chapelets pendus de bouteilles d'huile pimentée. Un cagibi abrite l'unique toilette. Je ne reconnais personne, aucun visage ami à proximité, rien que des regards brouillés, des mines reliées directement à des vessies, focalisées sur la progression dans la file d'attente. Une voix de femme, devant moi :

— Mais si, on nous l'avait dit qu'on aurait à dîner gratis ! Tout à l'heure, en haut des cailloux ! Tu ne te souviens pas ? Il y avait cette fille, la dingue qui téléphonait à quelqu'un de bien renseigné, et qui parlait en signes… Souviens-toi : celle avec une robe d'archevêque, des bottes de putain et des cheveux gras… Tu y es ?

Entendre le monde vous nommer, vous chanter, redonne des forces. Des petites décharges cascadent le long de mes tentacules. Les gens se souviennent donc un peu de moi une fois qu'ils m'ont vue ! Je suis décidée à approfondir notre amitié naissante. Je vais pouvoir me rafraîchir, et ensuite nous passerons une soirée formidable, tous ensemble ; peut-être même qu'on dansera, après le dîner, pieds nus sur la moquette couleur pâte à pizza, épaisse, truffée de bulles d'air et de fausses rondelles de chorizo.

En attendant leur tour, les gens téléphonent. Un jeune homme quitte la file, s'éloigne de quelques pas, en signe visible de sa discrétion. Je le reconnais, c'est l'ami de la jeune femme à nuque de velours. Il tient son appareil comme si l'objet le brûlait, pincé entre l'index et le pouce, torse et coude déployés au plus large, au plus haut, aisselles ouvertes. Son autre main calée sur la hanche, il va de long en large, il arpente l'univers à pas souples, à mots choisis.

Moi je ne sors pas le téléphone de mon sac. J'y plonge seulement la main pour l'éteindre, à tâtons, sans regarder l'écran. C'est un peu douloureux, mais c'est le fruit de ma volonté pure, parce que je veux réfléchir sans être sollicitée. Je fais certainement souffrir l'homme du local à photocopies, je le sais bien ; pourtant je dois me nettoyer des vibrations graves de sa voix, de cette tension dans sa respiration, du souvenir de sa peau sale, épaisse et élastique ; j'aimais lui frotter le dos avec le pouce, énergiquement, pour faire apparaître une suite de rouleaux fins, gris comme de la mie de pain complet. Je dois réussir à faire un bilan sur lui et moi, vérifier si je souhaite réellement cet homme, ou si je m'en régale par boulimie triste.

C'est mon tour ; la porte des toilettes s'ouvre et une femme en sort qui me prévient : la chasse d'eau coule.

Je rentre dans le local minuscule, il faut s'encoigner pour s'y enfermer. Pas de lavabo, pas de miroir, rien qu'une cuvette de toilette entourée d'une lunette fendue, éclairée d'une ampoule nue sous sa douille. Une petite rigole d'eau ruisselle depuis la chasse, cascade miniature qui se déverse dans le fond de cuvette, quinze centimètres plus bas environ. Je fixe la coulée d'eau fraîche, je m'approche pour l'écouter, l'évaluer. Quinze centimètres de filet d'eau supposée presque propre. J'en ferai mon bac à shampoing. Je me déshabille en partie pour ne pas mouiller mes vêtements ; au spectacle de mes larges manches pendantes sur mes bottes, je pense au cardinal et à la putain. Je me demande lequel des deux mon allure évoque-t-elle le plus. Ont-ils pris un jour, eux aussi, cette décision de ne faire que ce qu'ils souhaitaient absolument ? Ont-ils choisi chacun leur tenue, dans l'ensemble des possibles ?

Porteuse de cheveux gras est une qualification que je récuse absolument ; je ne l'admets pas. Même par le biais d'une libération des canons esthétiques, d'une émancipation du joug de la féminité gracieuse, d'un retour au naturel, non, ça ne passe pas. Ma volonté d'aussitôt, mon souhait immédiat est de retrouver une chevelure propre, quelconque mais honorable. D'abord je m'y essaie à genoux sur le sol, la tête dans la cuvette ; le bout de mon nez effleure la surface de la petite mare dont le fond est entartré. Ensuite je tente l'option de côté, une fesse au sol, la tête maintenue sous la rigole. Mon épaule étant sciée par le rebord de la lunette, je soulève le cercle de plastique. Un mouchetis croûteux de gouttelettes d'urine la festonne, le liseré se poursuit sur le mur. Je redescends la lunette. Mes cheveux sont maintenant bien mouillés. Bien sûr je n'ai pas de shampoing sur moi, pas même un vieux morceau de savonnette sèche, mais je me réjouis, je m'amuse : Ma petite Marthe, avise un peu cette chose ! Quelle est cette petite boule bleue irisée qui se délite timidement dans sa cage de plastique blanc suspendue sous la cuvette ? Avec cette légère mousse au contact de l'eau, qui nous indique – mais oui, c'est de la veine, Marthe, mais oui ! – que le produit contient du détergent ? Allons-y, hardie petite ! Le parfum de la boule bleue n'est pas celui que tu aurais choisi dans l'absolu, mais c'est une nouvelle occasion d'exercer tes formidables capacités d'adaptation.

Il faut extraire le bloc bleu de sa cage en plastique. Ensuite il faut supporter que la boule tombe plusieurs fois au fond du bassin, la repêcher n'est pas chose aisée ; il faut se frictionner le crâne de cette bille plus moussante et chuintante qu'un chaton en colère, en serrant les dents quand le détergent voisine la partie blessée du crâne. Ça picote, c'est revigorant, finalement je me sens moins poulpe qu'araignée de mer.

Je me rince, je trempe mèche par mèche pour éliminer les paillettes, sur mon front la peau brûle, j'y suis presque. J'essaie une posture debout, jambes écartées de part et d'autre de la cuvette, tête en bas, cou tordu, mais la pointe des cheveux balaie le fond de la cuvette. Une goutte d'eau roule dans mon oreille malade, gagne le tympan, qui s'emporte aussitôt, m'emmène dans des spirales en relief, d'écœurants trous d'air. Je me cramponne au loquet de la chasse, un peu inquiète : l'odeur pourrait-elle indisposer mes compagnons de bamboche ? Le charme d'un parfum est pourtant toujours contenu dans sa pointe de puanteur, c'est même cette pointe qui enivre ; ce qui se contente de sentir bon finit par lever tout à fait le cœur et piquer le nez, beaucoup de gens oublient qu'à force de se récurer ils empestent. Je pense surtout à ces femmes, celles qui s'obstinent, qui se lavent avec hargne comme elles arracheraient des orties, les Pelure, Femme pointue, Grenouille optimiste certainement, peut-être aussi la Femme qui pourrait ne pas travailler. Je ferme les yeux le temps de reprendre pied, les murs tournent, virent. En négociation continue avec mon tympan, j'entreprends de remonter mes oreilles à leur altitude habituelle, dans une lente ascension.

J'essore ma chevelure, les gouttes tombent sur les îlots de graisse qui flottent à la surface de l'eau. Je déroule du papier-toilette rose et m'en tamponne la tête, il se morcelle en confettis qui collent, se mêlent. Je garde cette parure humide et rose, d'un rose indien assez bien assorti à ma robe. Une fois habillée, je me pince les joues pour me féliciter, je me botte les fesses d'un coup de talon, je m'éperonne. Je vais y retourner, revigorée, toujours plus neuve.

On tambourine à la porte, des voix appellent sur un ton familier, on me donne du mademoiselle Marthe ; comment savent-ils mon prénom ? C'est tout un remue-ménage là-derrière, je les imagine massés, impatients, jouant des coudes pour une place avec vue sur la porte ; je me fige un instant sous l'ampoule nue. Une seconde suspendue avant d'ouvrir et de les retrouver dans le décor de cirque, les sièges-poivrons, la moquette pâte à bulles. Femme pointue et Pelure, ces guenons, étaient les seules à connaître mon prénom ; elles ont dû le vendre, le fourguer, avec un mot de présentation :

— C'est elle qui est là-dedans, sûr ! C'est bien elle de rester enfermée dans un cabinet, ce qu'elle fricote on n'en sait rien, mais on peut craindre le pire !

Je m'en fiche, mes cheveux sont propres et j'ai retrouvé le goût de tout, chaque humain croisant mon chemin en sera averti. J'ouvre brusquement la porte ; ils sont là, en demi-cercle. Ils essayaient de se figurer ma personne à travers le bois, et soudain ils me voient. Les yeux rouges, ils se dandinent à cause de l'agacerie et l'envie de faire pipi. Je croise toute la file, je glisse sur un coussin d'air, saupoudrée de coton rose et de paillettes bleutées, embaumant le décapant pour toilettes. J'ai faim.

La table de Pelure et Femme pointue est déjà pleine, mais elles vont sûrement me faire signe de les rejoindre, elles proposeront de se serrer pour me faire une place, épaule contre épaule. Je m'assieds à celle de Serge et de Grenouille optimiste.

J'observe que Pelure branle du chef, étourdie par le brouhaha ; ses mains molles et blanches, crues, reposent sur la nappe multicolore, parmi les pots à condiments et les couverts de farces et attrapes, les sachets de cotillons, les carafes à niveau biaisé. Nous avons bénéficié de la procédure d'accueil la plus complète, applicable à la visite d'une vedette d'envergure internationale, jamais appliquée jusqu'à ce jour : nourriture à volonté, accessoires de table à profusion, personnel costumé. Des sièges ont été ajoutés en bout de tables, nous sommes finalement tous placés.

On ne nous tend pas de menu, car le patron des trains a donné ordre qu'on nous offre tout ce qui pourrait sortir des cuisines :

— Allô ? Le restaurant *La Quatre-Fromages* ? Ici la cellule de communication de crise de la direction générale des trains. C'est simple : qu'ils finissent la soirée repus et somnolents. Sortez-leur le grand jeu, du boire, du manger, du cotillon… ne comptez surtout pas, vous serez intégralement remboursés. Je veux qu'ils se vantent d'être montés dans ce train-là ! Que cela devienne leur plus beau souvenir ! Qu'ils rêvent ensuite, à chaque voyage, d'une ruine oubliée, d'un édifice vétuste qui lâche, s'effondre pile au nez de leur locomotive ! On fera citer votre restaurant, les photographes sont en chemin, allez-y !

Très vite sont apparues les serveuses, nombreuses, surgies de deux portes battantes, déguisées en sachet de parmesan râpé : un rectangle rigide et transparent depuis les clavicules jusqu'à mi-cuisse, un sachet géant contenant du vrai parmesan, réparti autour de leurs hanches. Elles tiennent, serrées contre elles, des brassées de ballons gonflés, en bouquets multicolores. Les serveuses ont pour mission d'accrocher une baudruche sur chaque convive. Il leur faut plus ou moins de temps, mais pour chacun elles finissent par repérer une bretelle, une boutonnière, un bracelet, quelque chose après quoi nouer la ficelle. Ce n'est pas facultatif. Le vieux, cramponné à sa volière, a bataillé pour qu'on lui fiche la paix, criant qu'il n'avait jamais pris des vessies pour des lanternes. Mais elles ont réussi à attraper son lacet de chaussure, à y nouer la longue ficelle : au bout, un ovale luisant vert émeraude se balance, frôle son crâne chauve. Les consignes données devaient être très précises, car les ballons sont tous disposés de façon à flotter à la diagonale droite des occiputs, en une réplique aveugle des visages. La plupart d'entre nous sentons une ou deux mèches de nos cheveux se dresser, se coller aussitôt au plastique du ballon.

Les premiers équipés ont posé des questions, rouspété, ils ont fait des blagues ; mais les serveuses progressaient de chaise en chaise, souriantes, le regard fixement exorbité. Elles ont fait leur travail, si muettes et déterminées que les derniers convives n'ont plus protesté ; ils écartaient volontiers un pan de veste, tendaient leur bracelet-montre. Il y aurait sûrement eu du grabuge si elles en avaient oublié un seul.

Nous parlons, nous tournons la tête, et les ballons remuent doucement. Ils s'entrechoquent sans bruit, petits bateaux bousculés après le passage, au large, d'un gros tonnage. Deux serveuses ont cherché sur moi la bonne prise. Je me trouvais entre elles comme dans un box, séparée de mes voisins par les sachets de parmesan, elles debout, moi assise entre les cloisons translucides. Elles soupesaient mes manches, dégageaient mon encolure pour trouver une boucle, une fermeture. Finalement, l'une des deux, une blonde à cuisses rondes, a suggéré d'un signe du menton mon sac à main pendu au dossier de ma chaise. Sa collègue a acquiescé ; mais, par erreur ou intention, elle a noué la ficelle directement au dossier.

Sur la totalité des sièges répartis dans cette salle, il n'y a que deux ou trois chaises à dossier en tranches de mortadelle ; tous les autres dîneurs, les dizaines de convives, sont assis sur des tabourets en poivron. Par ailleurs, mon ballon a donc été accroché, non pas sur ma personne ni mes vêtements, mais sur ma chaise. J'essaie de n'en tirer aucune conclusion, je fais simplement ces étranges constats. L'angoisse m'étreint malgré mes mises en garde.

Marthe, ne commence pas à écouter tes idées idiotes de mépris ou de dégoût au seuil d'une soirée formidable !! Franchement, c'est une réaction sotte, juste quand tu te sentais mieux !! Les cheveux propres, oui, malgré cette odeur et ces paillettes poisseuses, tu as les cheveux propres, c'était ce que tu voulais !...

Je me redresse, je souris dans le vide, mes voisins immédiats étant hors de contact ; les yeux vitreux, la poitrine dans l'assiette, ils attendent les premiers plats.

Enfin Marthe, quoi !! Tu AS un ballon au-dessus de toi, comme les autres, et tes mouvements lui feront faire des petits sauts mous, comme aux autres, il suffira de remuer un peu la chaise et son dossier, et le tremblement gagnera le ballon !... Effectivement, elles ne l'ont pas attaché directement sur toi, mais à la chaise. Et quoi ? Oui, quoi ?

J'ai bien vu les serveuses qui s'étaient occupées de mon ballon, je les ai vues, distinctement, se frotter les mains en s'éloignant de moi, renifler le bout de leurs doigts, perplexes, et échanger des regards d'intelligence par-dessus leur sourire fixe. Elles marchaient à bonne distance l'une de l'autre à cause du déguisement tout en largeur, chacun de leurs pas brassant doucement les monticules de copeaux.

Elles sont passées devant Serge, en bout de table. Il m'a semblé qu'il ne les voyait pas, je le sentais tout entier tendu vers les cuisines, prêt à en pousser les portes battantes pour aller sinon prêter main-forte, au moins observer les frigos géants, les fours, les longues tables de réchauffe.

Grenouille se rapprochait de son voisin par petites secousses. Elle rebondissait sur elle-même et dans la seconde d'après le bond son ballon qui venait de s'élancer arrivait au bout de sa laisse ; l'ovale jaune redescendait d'un coup sec, rejoignait docilement les grandes lunettes.

Les serveuses sont revenues, poussant des chariots couverts de nourriture, bientôt chacun eut devant lui de quoi nourrir six personnes, sans qu'il n'y ait besoin de politesses ni de passer les assiettes ; il fallait juste tendre une main et ramener à soi un des plats, un plat entier de pizza, de pâtes, de légumes à l'huile, de charcuterie italienne.

Mon estomac s'est cabré jusqu'au haut-le-cœur ; j'ai commencé par me coller dans la bouche un quignon de pain. Je l'ai coincé sur un côté, contre la gencive. Sans mâcher, j'ai laissé les flots de salive imbiber la mie, puis la croûte. Le paquet a ramolli, et pendant que les autres se jetaient sur les plats j'ai aspiré entre les dents mon quignon liquéfié. Mon estomac et ses annexes ont repris contour et sensibilité, ma carcasse est revenue à elle ; c'était aussi le grand retour de mon oreille, chaude, humide, je la sentais étalée sur tout mon profil, une oreille d'éléphant d'Afrique, un nénuphar géant dont la fleur magnifique cacherait une feuille rongée, pourrie.

J'ai essayé une bouchée de cannellonis, elle a fait son chemin en moi, et maintenant je mange ; moi aussi je croque, mastique et déglutis, et les ballons croquent, mastiquent et déglutissent, fantômes qui apprennent nos mouvements de vivants. De temps en temps je prends soin de remuer ma chaise, de donner un coup de coude dans le dossier, pour que mon ballon s'agite.

Je réalise que des haut-parleurs diffusent continuellement de la musique, des chansons. Je commence à chantonner lorsque je reconnais le succès d'un été très lointain, les paroles me reviennent immédiatement. Je suis bientôt repue, mais les plats continuent d'arriver, les fromages, les salades, il y aura encore des desserts, des glaces, des digestifs. Les visages sont enrobés de sauce tomate, de musique et de vin rouge. Je veux au moins reprendre contact avec Pelure et Femme pointue, ces deux-là qui m'ignorent une table plus loin, leur tour de bouche luisant de graisse.

Je me lève. J'emporte ma chaise, à cause du ballon, et je ne me cache pas ma fierté.

Oui Marthe ! C'est toute la noblesse du geste ! Si tu quittes ta chaise, tu es vouée à errer sans ballon dans le restaurant, plus pitoyable qu'une damnée. Pour garder le ballon, tu dois donc te déplacer avec la chaise. Voilà que tu sais choisir, et assumer ton choix, apparaître entière et sans concession devant le monde ! Pliée en avant, les mains sous tes fesses pour tenir la chaise, oui, l'anse du sac accrochée au dossier, le ballon noué à l'anse du sac, oui ! Ainsi tu restes accompagnée, toi aussi, dans ton chemin, et tu montres à quel point tu peux t'adapter, quel que soit le protocole.

A peine en route, une main d'homme se pose sur mon épaule.

— Un nouveau problème, mademoiselle ?

C'est Jean Perleray, bien sûr, l'homme qui a de plus en plus de difficultés à être agent de voyage. Et pourtant il essaie encore, parce qu'il sait combien les reconversions professionnelles sont difficiles, de nos jours. Il vient au-devant de moi comme il l'aurait fait dans le train.

— Oh !! Monsieur Grège !!

— MMMhhh, oui, oui… où allez-vous ?

— Discuter un peu avec mes camarades de voyage ! Nous avons été séparées par les événements.

Il lève les yeux sur mon ballon qui danse, mauve à nuances mordorées. Il cherche ensuite à isoler les paillettes bleues dans mes cheveux et sur mes épaules. Il perçoit un reflet, une brillance, sans en distinguer la source. La couleur de son ballon est l'ocre, rouille fraîche exactement, et les deux poches gonflées, la sienne et la mienne, rebondissent l'une contre l'autre sans bruit, avec timidité, à peine se touchent-elles, aussitôt elles s'écartent. Il soupire ; il garde à l'esprit que l'idée de reconversion professionnelle, à son âge, est une fable.

— Bon, je fais un bout de chemin avec vous.

On se met en route ; son ballon navigue derrière lui, attaché à un passant de son pantalon, moi je suis courbée sous ma chaise, le sac à main bat contre, j'avance avec précaution. Jean survole d'un air paternel l'assemblée occupée à enfourner des aliments. Les serveuses apportent du tiramisu ; un chanteur à voix très grave hurle une douleur d'amour.

Nous arrivons près de Serge ; il est évident que son esprit nous a quittés ; il n'est plus au restaurant parmi nous, les pieds dans les bulles de pâte ; les yeux plongés dans une autre histoire et d'autres horizons, le visage tourné vers une source de lumière imperceptible aux autres, il raconte une aventure à son voisin, un grand garçon maigre qui mange pourtant avec appétit, un de ces jeunes garçons envahis par leurs os. Je me souviens de ce visage en construction autour de sa mâchoire, il était près de moi au sommet des ruines de l'autopont, là-bas au Mourron. Serge pose une main sur le bras du jeune homme, capture son écoute. Il parle avec émotion, celle de qui ne parle pas souvent :

— … A sa femme, dans son dernier message radio, il a dit qu'il se trouvait *dans l'œil du cyclone.* C'était pas seulement une image, pour lui, tu comprends ? Après ça, on n'a plus jamais eu de contact radio. Et on ne l'a jamais revu. Fini. Disparu…

Sous l'arrondi du ballon vert pâle, les oreilles du garçon sont secouées par le mouvement des mâchoires broyeuses. Bien qu'un peu incrédule, il est attentif au récit de Serge, fait au plus vite pour enfourner une nouvelle bouchée et rate parfois sa bouche ; son menton est maculé de sauce. Jean et moi avons stationné près de Serge, mais d'abord il ne nous remarque pas. Il continue d'expliquer, d'une voix plus forte, à cause des basses de la musique, à cause des pulsations devenues si lourdes que je les sens vibrer dans mes jambes. Je manque de fléchir sous ces coups agréables, les mots me parviennent comme portés par le vent du large.

— Normalement, s'il avait été sur un bateau de construction classique, on aurait dû retrouver des morceaux de la coque, au moins des fragments entre deux eaux…

Ou bien cela me rappelle le rythme du ressac, il est revenu cogner mes genoux, et bientôt j'entends le bruit que font les vagues en cassant, ce bruit qu'enfant je n'entendais plus car je le portais au creux de moi ; après des heures passées au fond d'une crique étroite, les pieds dans les brisures de coquillages rose et gris, la peau de mes orteils aussi fripée et bleue que celle d'un nouveau-né. Je me relevais de mon accroupissement quand je sentais l'absence soudaine du soleil sur mon dos ; je savais à ce signe qu'il était l'heure de rentrer.

— … Là, rien !! Pas un centimètre carré de carlingue ou de flotteur, jamais rien n'a été retrouvé. Et tu sais pourquoi ?

Le grand garçon suspend sa mastication, fait non de la tête. Serge reprend :

— Parce que c'était un bateau fabriqué en AG4 : un aluminium révolutionnaire à l'époque ! Faut savoir qu'en fait c'était le vieux *Pen Duick* de Tabarly… il l'avait complètement retapé…

On entend le refrain d'un air dansé dans tous les mariages, et il me semble que le son a été monté encore, car le restaurant s'emplit d'un bourdonnement énorme ; à moins qu'ils ne soient nombreux à fredonner le refrain, bouche fermée, sans y penser, le regard voilé.

Je remontais de la crique en coupant par les rochers ; je faisais le chemin du retour en titubant, droguée par l'air et l'iode, couverte de lumière, des coquillages mouillés plein les mains. Mon père les entasserait dans un carton, nous les emporterions ensuite dans la grande maison adossée à la montagne, où je les installerais dans le tiroir de ma table de nuit. Ils commenceraient bientôt à puer épouvantablement, la plupart devenus ternes et plâtreux. Il me semble aujourd'hui que je savais précisément ce que j'avais ramassé, en quelle quantité, et pourquoi. Est-ce qu'aujourd'hui encore je saurais choisir ?

— Je pense que, l'erreur, ça a été de le rebaptiser… Il n'aurait pas dû faire ça… C'est pas qu'une histoire d'usage ou de superstition, on ne change pas le nom d'un bateau, c'est tout… Et pourtant, *Manureva*, c'est un beau nom… Tu penses, rien que de le prononcer j'en ai la chair de poule… Mais même… Il fallait pas faire ça…

Le grand garçon nous fixe tout à coup avec inquiétude, une bouchée de pâtes bloquée dans une joue. Serge suit son regard jusqu'à nous, son ballon aussi relève le nez. Aussitôt, il se lève, jovial, moustachu, donne une bourrade à Jean :

— Ah ! c'est toi !… dis donc, tu dois être content ? Quelle belle soirée, franchement… C'est une belle soirée, hein ?

Jean penche la tête, hausse des épaules minables :

— … Ce n'est quand même pas comme ça que ça aurait dû se passer…

— Ah mais bien sûr, bien sûr ! Les choses ne se passent jamais comme elles devraient, tu sais… Je parlais justement du *Manureva* à ce jeune homme… Est-ce que tu crois que ça aurait dû se passer comme ça, pour Colas ? Un type pareil sur un bateau pareil ? Qui aurait pu penser ?

Jean se penche encore davantage, grimace pour dire sa fatigue, son manque d'inspiration. Par amitié, il trouve la force de poser la question la plus attendue :

— … Tu continues ta construction ?

A ces mots, le Serge s'illumine, impérial, son grand nez décoré des pastilles rouges et or de la boule à facettes qu'on vient d'allumer. Sa coupe en brosse est un heaume, sa peau grêlée de souvenirs d'acné, un masque de victoire. Ses yeux flamboient :

— Et comment ! Grandeur réelle ! Prêt à naviguer ! J'ai fini la coque triple, je vais attaquer le gréement…

— Tu vas te ruiner…

— M'en fous ! On viendra le visiter de loin ! On me le louera, pour des expositions ! Des soirées à thème ! Pour des reconstitutions… Tu verras !

Jean épuisé qui résiste pourtant, tassé au fond de ses bottines, racle au fond de lui une dernière poignée d'intérêt, et l'offre à Serge :

— Il va tenir dans ton jardin, ce grand machin ?

— J'ai agrandi le hangar ! L'année dernière ! Je t'ai pas montré les photos ? J'avais fait des photos…

Il administre une nouvelle claque sur l'épaule de Jean, manque de le déstabiliser tout à fait :

— Si le *Manureva* n'avait pas disparu en mer, j'aurais peut-être pas eu cette vie, qui sait ? J'avais pile vingt ans quand j'ai commencé ce boulot dans les voitures-bars, c'était pour payer les premiers matériaux… Un bateau qui sombre, un pont qui s'écroule devant un train, et tout l'itinéraire est à revoir… Les gens sont contents, non ?

Je me souviens qu'alors j'aurais juré d'avoir été fabriquée dans ce mélange d'eau salée et d'air ensoleillé, certaine d'appartenir à cette matière ardente, en mouvement perpétuel, aussi fragile pourtant que la faille de soie. Personne ne m'en demandait la preuve, il n'y avait d'ailleurs jamais rien à prouver à quiconque, aucun projet à présenter, nul contradicteur à convaincre. Porcelaines et coques coincées entre mes doigts de pieds, les talons durcis par la corne, les cheveux en paquet salé, je longeais les canisses avec une audace telle que jamais je ne pensais : je longe les canisses.

Je ne craignais pas de quitter la plage, jusqu'au lendemain, jusqu'à l'été suivant, puisque j'en étais une part, une extrémité, puisque je ne doutais pas d'être une parmi les vagues ; je n'avais pas de raison de compter les jours, mon voyage serait interminable, infini comme celui de l'eau. Toute ma conscience ne me servait qu'à espionner les bernard-l'ermite.

C'était encore le temps où je savais flotter dans l'air, avant la femme voleuse de sourire, avant les décisions, avant toute chose puisque j'étais sans âge, rien n'avait de nom, de prix, ni de durée, et tout fondait, sucré, sur ma langue. Mon père, quand il saisissait son banjo, savait toujours ce qu'il allait jouer ; pourquoi aurait-il hésité ? De quoi aurions-nous eu peur ? Il entonnait “Ah si j'avais un franc cinquante”, je répondais “j'aurais bientôt deux francs cinquante”, et c'était le seul langage nécessaire, notre secret universel.

Je vois un groupe d'hommes qui travaillent, surmontés d'un groupe de ballons ; les hommes ont dénoué leur cravate et remonté leurs manches, jouent de la batterie sur la table du bout des doigts. Le moment est bienvenu pour se détendre, montrer d'autres aptitudes, certains d'entre eux se souviennent qu'ils faisaient de la musique quand ils étaient étudiants.

Serge maintient sa question d'un sourire insistant. Jean tord la bouche :

— … Oui, c'est une belle soirée, mais c'est tout de même très contrariant…

Il secoue la tête et fait un geste large qui semble présenter toutes les difficultés de son existence, cela englobe un vaste espace, dont moi. Alors Serge, pour la première fois, me voit. Il étudie le bloc que je forme avec la chaise et le ballon. Le grand garçon aux mâchoires a repris le cours de son repas ; il nous jette un œil de temps en temps, il se tient au courant.

Les serveuses donnent leur dernier sourire en posant sur les tables des pièces montées en forme de tour de Pise, de basilique Saint-Marc, de gondole. Des ombrelles en papier sont plantées dans les choux, des bâtons à étincelles dans les boules de glace. On réveille les enfants, on leur dit de venir voir ça. Les ballons flottent moins haut maintenant, un peu plissés, la ficelle lâche.

Serge me regarde toujours, Jean penche toujours, alors je me souviens de qui je veux être, je me souviens de mes promesses et de mes volontés propres. Je m'adresse aimablement à Serge :

— Je dois retrouver des amies à une autre table. Mais je repasserai tout à l'heure, et à ce moment-là, si vous le voulez bien, j'adorerais que vous me racontiez toute l'histoire du *Manureva*, d'accord ?

J'ai articulé correctement, et parlé suffisamment fort, je ne bégaie pas. Mais il répond :

— … Le… quoi ?

Dans la posture la plus altière possible malgré la chaise tenue sous moi, je m'éloigne sans me retourner, digne, et je m'offre même de marquer la cadence de la chanson qui commence.

Je passe près du vieux, il s'est endormi, la joue écrasée contre les barreaux métalliques de sa cage. Pelure et Femme pointue sont en grande conversation avec deux couples fatigués, je parle des membres des couples, et aussi des couples eux-mêmes. Un des hommes, là-bas en face, a chaud, est rouge ; il a posé sa main large sur son épouse. Blottie dessous, ronde et moelleuse, elle ronronne en digérant son repas.

Pelure écrase la mie de son pain, Femme pointue poursuit une idée :

— L'adolescence est une période terrifiante, pour les parents !!

La joie de retrouver mes copines, l'excitation de renouer nos liens m'empêchent d'attendre une pause dans leur conversation ; je hurle :

— COUCOU !!!!

Elles font un bond. C'est aussitôt un grand remue-ménage parmi les ballons flétris, une onde de panique molle. L'homme transpirant à épouse sous la main dit qu'il aime beaucoup cette arrivée tonitruante ; pour fêter ça, il attrape une serveuse par le poignet, demande à boire, et il me présente sa femme, Christelle. Lui, c'est Jean-François, Jeff.

Je case ma chaise et mon ballon entre leurs tabourets et leurs ballons, Femme pointue et Pelure font un sourire presque entier, c'est un bel accueil. Je trinque avec Jeff et Christelle, avec l'autre couple, mes amis et moi nous trinquons ; avec les ballons aussi, pour rire, dit Jeff. Il ne faut surtout pas réfléchir quand on a commencé de trinquer, il ne faut pas voir nos verres en l'air, notre sourire spécial, ni s'imaginer en train de regarder l'autre dans les yeux pendant qu'on choque les verres, sinon il se pourrait qu'on s'effondre en sanglots.

J'attends un peu ; je mâche mes mots, je rumine, je voudrais reprendre là où nous en sommes restées, les amies et moi. Je cherche des yeux les quelques-uns assis comme moi sur une chaise à dossier. Je ne vois que des silhouettes de dos, une femme et trois hommes ; des dos avec des bras tombant de chaque côté. Aucun lien n'est visible entre eux et moi. Je me laisse encore bercer par les mots échangés, qui virevoltent parmi les paroles des chansons, s'écrasent dans le sorbet liquéfié au fond des coupes ; leurs phrases sont absorbées par les ronds de lumière tourbillonnants. Je m'enjoins d'attendre un peu, de me retenir. Qu'un regard, au moins, se pose sur moi, en guise d'accroche. Mais les regards sont flous, humides de bâillements, les yeux se cernent de vert-de-gris.

Soudain, un mouvement de tête de Femme pointue, une bouée tendue, peut-être involontaire ; je m'en saisis. Je m'adresse à elle, à moi, à tout auditeur éventuel :

— Vous vous souvenez de ma question, sur les frigidaires à crèmes de nuit ? Vous ne m'avez pas répondu !

Jeff réagit le premier ; c'est un homme qui réagit vite, d'une façon générale. Il lève si haut les sourcils que la peau de son front, une introduction à celle de son crâne chauve, se plisse en ondulations serrées. Le ballon rose fait duplicata.

— Les quoi ??

Femme pointue pince la bouche, ses mains sont des tarentules albinos.

Le volume sonore a encore monté et certains tapent dans leurs mains ; Christelle, la femme sous la main de son mari Jeff, danse du tronc sur son tabouret. Il faut crier pour se faire comprendre.

— Des réfrigérateurs à produits cosmétiques ! Une idée de mon amie !... pour les vendre !!

Je m'arrête là, je le signifie en croisant les bras. A eux, maintenant.

Femme pointue fait une tête qui est entre celle des vendeuses quand j'entre dans une boutique, et celle de la sidération, avec un petit quelque chose de Jean Perleray pour la fixité muette et douloureuse. Une fois de plus, elle me regarde comme on regarde une feuille imprimée sans pouvoir la déchiffrer, dans l'instant de flottement désagréable juste avant de comprendre qu'on la tient à l'envers. Femme pointue vit ce minuscule et affreux chaos, je suis sa feuille retournée.

Jeff nous sauve :

— … Pourquoi pas ? Aujourd'hui, tout se vend !! Tout, même ce qui n'existe pas !… Tenez, mon gendre… hein Christelle ? – il lui donne un petit coup d'épaule, elle s'ébranle, enclenche un hochement de tête régulier pour dire oui oui je sais ce que tu vas dire, oui oui c'est vrai ce que tu vas dire –, mon gendre a monté une boîte de formation, les programmes qu'il vend ont des noms comme : "Techniques de pilotage", ou "Réussir un trois cent soixante degrés", ou "Suivre les indicateurs du tableau de bord"… on croit d'abord que c'est destiné aux pilotes d'hélicoptère, mais non !

J'attends l'intervention de Femme pointue, mais Jeff parle toujours, dans son entrain il secoue son ballon et aussi Christelle, soyeuse, confortable.

— … Eh ben ça marche drôlement bien… Là, il se fait construire une piscine, alors je dis : Parfait ! Très bien ! Il a gagné !… hein Christelle ?

Christelle reprend ses oui oui, et Pelure s'y essaie aussi, avec conviction. Femme pointue la regarde avec un embarras consterné, mais n'ose pas intervenir. Beaucoup d'autres, autour, commencent d'approuver de la tête. Christelle caresse d'une main les petits cheveux qui frisent dans la nuque de Jeff. Elle demande d'une voix chatte, timide :

— C'est quoi, un trois cent soixante degrés ?

Elle pose la question comme on demanderait la recette d'une sauce. Jeff répond, son corps tout à fait immobile pour ne pas interrompre les caresses délicieuses, habiles, discrètes.

— C'est un truc pour savoir ce que les autres pensent de toi, au boulot.

Christelle est mollement effrayée :

— Oh ? C'est vrai ?

— Oui, mais c'est anonyme !

Jeff commence à rire, Christelle ôte les doigts de sa nuque, et je me souviens de l'homme du local à photocopies en train de remplir un long questionnaire sur son chef de service, chaque question le faisait éclater de rire :

— Eh, poulette, écoute ça, écoute !!! *En terme de relations sociales, vous diriez que votre hiérarchique – exploite un diagnostic fin des tensions et des agents irritants – fait le lien entre stratégie au moyen terme et talents des membres du service – a un dialogue adulte sur les problèmes...* Oh c'est poilant, ça... Eh, écoute, écoute les autres questions !

Nous nous étions vraiment amusés ce jour-là, il tapait sur ses cuisses et sur les miennes, en sueur lui aussi, et dans la foulée de son dernier rire il m'avait renversée parmi les papiers, il disait que c'était mon tour de répondre au questionnaire, qu'il en avait préparé un spécial pour moi, il ahanait déjà en disant cela.

Femme pointue lisse sa jupe des deux mains, tandis que Pelure ne fait rien d'autre que respirer par le nez, lentement, appliquée. Jeff finit un verre pour apaiser son rire, déglutit avec une grimace lippue.

— ... Et vous avez dit... des frigos pour mettre quoi dedans, déjà ?

L'ongle du pouce de Femme pointue tinte contre ses dents. Son soupir brutal, de gorge, m'effraie un peu. Elle n'a pas le temps de répondre, un nouveau ballon s'approche de notre groupe, nous fait de l'ombre ; c'est un ballon pourvu d'une main qui attrape le briquet qu'on lui tend, et qui demande, d'une voix d'homme :

— On peut en savoir un peu plus, sur ce projet ? Je suis intrigué par l'affaire !

Le timbre de sa voix nous recouvre immédiatement, nous immerge dans un climat de professionnalisme, transforme notre coin de restaurant en salle de réunion climatisée, silencieuse ; stores à lamelles, longue table de bois blond, écrans muraux.

Voilà Femme pointue qui se redresse, se déplie, se recompose en trois dimensions ; elle lève la tête en même temps que nous tous, tandis que l'homme qui travaille penche la sienne, nous la découvrons entre les baudruches agitées. Une belle tête d'homme, lourde de responsabilités, le teint verdissant de fatigue et la barbe en repousse, les yeux mobiles.

Femme pointue entame la discussion modestement, mais avec persévérance ; il lui répond, circonspect mais curieux. Elle déploie à nouveau son idée, le marché des crèmes froides, les normes d'hygiène, la jeunesse, l'avenir. L'homme s'applique à tenir la posture de l'esprit ouvert aux nouveautés. Il sait l'effet que produisent sa chemisette à rayures, sa cravate en soie, son pantalon à pinces ; il sait que le pin's publicitaire de sa société scintille sur sa chemisette à chaque passage du faisceau de lumière orange. Une main sur le dossier de ma chaise, il fume de l'autre, et chaque jet de fumée fait battre les cils de Pelure.

Je devrais les interrompre sèchement, et rappeler à Femme pointue qu'elle me doit une réponse à ma question, qui était gratuite, posée par curiosité sincère.

En face de moi, Jeff et Christelle bâillent. Jeff a liquidé toute une série de fonds de verres ; il louche sur la porte battante des cuisines par laquelle le personnel du restaurant remporte les bouteilles vides. Dans un battement de porte apparaît une serveuse très brune assise sur une desserte, les jambes nues dans la lumière blanche. Deux hommes ont plongé les mains dans la partie de son déguisement qui contient le parmesan, chacun un bras jusqu'au coude. Elle se tortille, rigole, son déguisement de guingois, une attache a lâché. De la poussière blanche volette autour d'eux ; la porte se referme.

Jeff se frotte l'estomac d'une main, il marmonne :

— C'est un chouette endroit, ici. Ils ont bien choisi, hein Christelle ?

Sous l'aisselle de son mari, Christelle somnole.

L'homme à l'esprit ouvert dit qu'il possède une société de conseil en projets commerciaux, que l'affaire des frigidaires à crêpes peut être *très* intéressante. A crèmes, répond Femme pointue. Un soupir aussi encombrant qu'un sanglot monte dans sa gorge.

— Je vous ai expliqué : à crèmes de beauté. Pas à crêpes.

— On est d'accord ! dit le conseiller en projets. Le principal, c'est d'identifier la niche économique !

Les œillades noires de Femme pointue m'arrivent de biais, entaillent ma pommette. Je ne tourne pas la tête, c'est ma façon de lui dire que je n'y suis pour rien si cet homme n'écoute pas, ou s'en fiche. Tout à coup je prends conscience de quelque chose, et de me l'annoncer me libère : Marthe, tu ne peux plus rien parmi ces gens, il n'y a plus rien à faire avec ceux-là ; et savoir le reconnaître, c'est aussi important que savoir se battre.

Des haut-parleurs invisibles, dissimulés sous la moquette murale couleur tomate, se déverse un solo de guitare basse introductif d'une chanson que nous connaissons tous, absolument tous. Je sais que juste après ce solo arriveront les autres guitares, c'est comme si je les entendais déjà, j'en ai un frisson anticipé ; ensuite ce sera la section batterie, et puis la voix du chanteur, sa voix à lui montera par-dessus les tables et les restes de nourriture, Lui, comment s'appelle-t-il déjà, enfin, Lui, et ses choristes derrière, trois filles noires aux longues jambes sous une minuscule robe lamée rouge vif, qui miaulent : Hou houuuu ! en fermant les yeux. C'est en marche, ça commence maintenant, ça ne durera que quelques minutes, et je me dis : Marthe, cette chanson est un signe, lâche les corniches cassées, passe à autre chose.

D'une ruade je me libère de mon siège, et donc du ballon, je me dissocie ; debout, je déambule seule, convive à tête unique, sans réplique flottant par-dessus moi, affranchie, entière, toujours pailletée de bleue. Je fonce droit sur Serge.

Plusieurs femmes et hommes se sont levés en faisant tomber tabouret et serviette à leurs pieds, et se sont mis à danser. Cette chanson, ce rythme, c'est le gros temps qui s'annonce au large, l'écume, l'électricité de l'orage. Les lumières stroboscopiques balancent du noir et de l'orange. Je vais lui dire, à Serge, à quel point je compte passer à autre chose, à quel point j'avance, inexorablement.

Je me plante devant lui ; il se lève d'un bond effrayé, bredouille :

— … Pour tout à l'heure… je n'ai pas voulu… Je n'ai pas l'habitude… J'ai plus l'habitude de tout ça… J'ai passé des heures dans mon hangar, si je ne suis pas dans mon hangar avec le bateau, c'est que je suis dans le train, derrière mon comptoir de voiture-bar…

— Derrière mon comptoir de voiture-bar… Vous avez là le début d'une jolie chanson, non ?… Serge, savez-vous ce qui était gravé sous les cadrans solaires, à Rome ?

Il relève son menton carré :

— … Non ?

— "Il est plus tard que tu ne crois." Vous comprenez, Serge ? Ça passe, ça passe si vite !… Alors moi, pour vous faire gagner du temps, et puisque vous ne voulez pas me raconter le *Manureva*…

Il se récrie :

— Si si !!! Je peux tout vous raconter !! Au contraire ! J'ai pas voulu… j'étais surpris…

J'impose mon pardon :

— … Tttthhhh !!! Chut ! N'en parlons plus. Je sais : les choses importantes sont les plus difficiles à dire… Et puis, je connais l'histoire de ce bateau…, alors je vais vous faire un cadeau : je vous offre, moi, le *Manureva*, je vous offre sa plus belle course, la dernière ; là, maintenant, ici. Regardez !!

Le son de la guitare est entré dans l'air qu'on respire, les choristes lâchent leur voix par fagots de brindilles sèches, de quoi se chauffer avant la grande flambée. Lui, le chanteur, fait onduler sa langue dans mon oreille, me lèche la voûte du crâne, pendant que la basse s'infiltre dans le sang par la moindre de nos veines : dôm-dôm-dôm-dûmdûmdûm-dôm-dôm-dôm…

Chacun de mes bras devient un flotteur du *Manureva*, mon tronc est la coque centrale, mes jambes des dérives minuscules plongées dans le dos verdâtre et luisant de la haute mer. Simple point sur la surface immense, je course depuis des jours les frisottis d'écume, ces avertissements que fabriquent les plus hautes lames de l'océan, les monstrueuses vagues noires sur lesquelles moi, trimaran, je vole, décolle, connais l'apesanteur.

Jean s'approche, les bottines lourdes, interroge Serge du regard, qui a les yeux écarquillés sur moi, incrédule, aspiré aussi. Il hésite, avance ; non, il ne dit rien. Il ne répond pas à Jean, et reporte ses yeux sur moi, il veut profiter de son cadeau, il ne me lâchera plus. Jean s'éloigne vers l'abdication, plus plié et fatigué que jamais.

Mes coques se soulèvent dans l'air d'orage mouillé d'embruns, un instant elles se trouvent suspendues dans la nuit tiède, hou houuu !!!! font les choristes du ciel, puis c'est le grand saut, la pente lisse sur l'arrière de la vague, la descente directe dans le ventre profond et aveugle de la mer, avant la vague suivante déjà prête. La pointe de mes coques entre dans l'eau à grand bruit mais ce n'est rien à côté du vrombissement ambiant, du grondement perpétuel, et mes vis, mes rivets grincent, mon mât tremble, mais cela se ressent plus que ça ne s'entend. Les déferlantes géantes passent et je survis à chacune, c'est inattendu ; encore une, encore celle-ci, je ne perds ni le rythme ni la colère.

Il est inquiet, Serge, parce que je mime l'objet de ses obsessions, mais il est reconnaissant, parce que je danse sa vie entière, ses soirées, ses dimanches, les innombrables ampoules et échardes qui ont blessé ses mains, je danse son hangar, trop chaud l'été, gelé l'hiver. Et plus je dérive sur l'océan, plus il sent un désir oublié monter en lui. Sa chemisette en polyester trempée, il vient se carrer en face de moi, une ébauche de mouvement dans les genoux ; il me semble qu'il gronde. Je ne fais qu'apercevoir tout ça, car je suis avant tout le *Manureva* qui se disloque, se démembre, s'éparpillera bientôt. Les choristes et Lui balancent le requiem furieux. … Hou ! Houuuuu ! Je sais, nous savons tous comme Il ouvre grande sa bouche pour tordre chaque syllabe, pour que les paroles s'enroulent autour des baguettes du batteur.

Serge me crie quelque chose :

— … vous me perturbez, vous savez !!

— … Je vous… Quoi ?

Je ne suis pas rancunière, je fais cela à titre pédagogique. J'ai mal aux pieds, aux côtes, je suis fatiguée, c'est vrai, mais c'est supportable, je tiens encore le coup ; en hommage à un autre vieux poulpe, fatigué aussi sur la fin de sa course, écartelé et désordonné, étourdi jusqu'à l'évanouissement, de plus en plus désynchronisé. Je danse encore, je lance mes membres, mes morceaux de moi, et bientôt je ne suis plus que du métal flottant dans l'eau, des éléments épars : j'ai perdu mon unité et ma cohérence dans un long craquement, là-bas, sur cette lame que je n'avais pas vue venir, son dos noir m'a assommée ; c'était une fausse vague sans écume, un gonflement d'eau et de silence traître, qui m'a prise sur un angle fragile, de biais. Moi qui étais bateau, structure, véhicule, je ne suis plus qu'assemblage raté, truc incomplet ; un mât est brisé, les ponts sont tordus, je ne suis même pas grotesque, seulement irréparable, déjà un souvenir. Serge approche, il est le canot des secours, mais ses grands bras en hélice sont pris dans des algues. Il ouvre la bouche :

— … ce que vous faites là… ça me fait quelque chose !!!!

— … Comment ???

Et puis une vague plus haute encore s'approche, plus large, plus noire, un morceau décroché de l'enfer, en chute libre depuis des années-lumière. Si haut qu'on puisse lever les yeux, il n'y a que ce soulèvement d'eau épaisse, cette nuit liquide. Une révolte si monstrueuse, perceptible depuis les autres planètes, c'est certain ; si assourdissante que c'est tout à coup l'équivalent d'un grand silence, et la langue géante m'avale. Elle est haute de plusieurs mètres et au-dedans d'elle c'est un trou sans fin, un vide, un goulet mortel, le siphon des cauchemars d'enfant qui vous tire par les pieds, les nuits de fièvre. Elle m'avale, moi et mes débris, mes filins, mes coques, mes voiles, qui ne sont désormais plus rien de tout ça, juste des mots pour nommer les matériaux, des mots inertes.

Il reste à danser sur l'eau, dans l'eau, il n'y a plus qu'à rendre hommage, être cortège funèbre, procession de nautiles, porter le deuil en spirale.

Derrière mes paupières, en filigrane de l'eau, une image fixe se compose, s'installe, indifférente à mon naufrage, aux tourbillons dans lesquels mes coques brisées s'engloutissent. Une silhouette lourde et inamovible apparaît : un homme de profil, corpulent, planté debout sur des genoux raides, les pieds nus sur la terre sombre au fond d'un jardin. Un homme figé sous des arbres noirs.

J'ai reconnu l'homme inscrit sous mes paupières à ses doigts de pieds recroquevillés par l'arthrose, aux varices des mollets, et je m'en suis tenue là ; je n'ai pas eu le cœur de vérifier si son sourire avait disparu, si ses yeux étaient changés, s'il était en train de pleurer, d'appeler, ou quoi.

Je me suis seulement arrêtée de danser.

VI

Nous nous sommes regroupés avant de sortir du restaurant. Personne ne s'est sauvé, peut-être à cause des curieux et des photographes qui attendaient dans le petit jour ; ce n'était pas le moment de se dissocier, il fallait rester partie intégrante de l'ensemble, élément du tas. Alors que, massés derrière les portes, nous nous pensions au complet, quelqu'un a crié qu'une femme n'était pas prête ; elle n'avait pas mis son manteau ni récupéré son sac. C'était la femme qui n'a pas besoin de travailler. Elle continuait de danser, sous les haut-parleurs au fond de la salle. Nous avons observé ses mouvements minuscules, nous distinguions ses mains dans ses cheveux, ses yeux miclos. Elle semblait s'enrouler chaudement dans l'idée que plus jamais elle n'aurait l'occasion de danser ainsi. Son corps oscillant lentement, décoiffée, elle inventoriait tout ce qui ne serait bientôt plus que souvenir, ces choses toujours là mais déjà perdues, beaucoup de choses. Il fallut la brusquer un peu, lui pousser l'épaule, la secouer.

Les photographes nous ont saisis, bestioles nocturnes dans des phares, aveuglées, hésitantes. Certains étaient toujours flanqués de leur ballon flétri, dodelinant à mi-hauteur. Beaucoup n'avaient plus qu'une ficelle pendante au ceinturon, sans rien au bout. J'allais maintenant me dépêcher d'arriver chez mon père, et je guetterais pour lui dans le journal local la photo qu'on ne manquerait pas de publier. Je savais qu'il s'amuserait de découvrir toute la cohorte figée dans la lumière, avec en première ligne le vieux, réveillé en sursaut, planté sur les marches bleutées de la pizzeria, les barreaux de sa cage à embauchoirs décalqués sur la figure, la cage dans les bras. Cette photo-là, j'aurais voulu pouvoir l'acheter immédiatement, la garder à la main pendant la fin du voyage, lui tendre en passant sa porte. Il allait bien rire avec ça, il aurait de quoi reconstituer tout le voyage, inutile de lui raconter ; le cliché serait un condensé de l'histoire du train, de l'autopont et du restaurant, et de nous tous là-dedans.

Nous avons marché en file indienne sur le trottoir. Les photographes nous suivaient sur la chaussée, formant une seconde file ; j'espérais qu'ils me posent des questions, j'étais prête à raconter des choses, mais le directeur du restaurant avait entrepris de communiquer, il les abreuvait de chiffres et de mots. Nous avons débouché sur une placette flambant neuve, presque factice. A côté de la supérette faisant aussi office de pompe à essence, un hôtel à façade bicolore ; son tarif unique affiché en chiffres géants de néons, d'un rouge acidulé comme celui des pommes au sucre, un rouge de fête foraine désertée et silencieuse.

Un type est sorti de l'hôtel, s'est avancé au-devant de nous. Nous nous sommes immobilisés aussitôt, pas d'un seul bloc mais par contagion progressive ; nous étions un vaste troupeau, difficile à manœuvrer. Le type, en pantalon noir et chemise blanche, portait un maillot de corps blanc à la découpe visible sous l'ampleur plus légère de la chemise. Il a pris son téléphone tout en nous comptant du regard, a composé un numéro. Un téléphone s'est mis à sonner, quelque part à l'arrière de notre groupe.

— Monsieur Grège ?

— …

Je ne l'entendais pas tout à fait, mais j'imaginais la réponse brève, le ton enroué et défait.

— Je suis le gérant de l'hôtel, près du restaurant. On m'a donné votre numéro car vous étiez de service dans le train qui a…

— …

Nous autres, toujours immobiles, silencieux pour tenter de suivre l'échange. La voix de Jean devait être encore un peu celle de Michel Grège, il le fallait bien, même si cela lui coûtait de plus en plus.

— C'est pour vous dire que vos gens, vos voyageurs, ils peuvent se reposer quelques heures dans mes chambres. La préfecture a donné ordre de vous ouvrir les étages. En mettant six à huit personnes par chambre… juste pour s'étendre, de quoi récupérer un peu… Ils peuvent installer des coussins par terre… J'peux pas faire mieux. Faut libérer à dix heures demain matin au plus tard. Des cars les emmèneront à la gare. J'peux pas faire mieux.

— …

Je regardais le gérant écouter son téléphone, je devinais la voix de Jean étouffée par les corps qui l'entourent, par la fin de la nuit, par cet acquiescement qu'il faut manifester devant tout ce qui arrive. Le gérant de l'hôtel lançait ses mots dans le ciel vide de la rue, ils montaient, aspirés par la lueur halogène des lampadaires. Mais les fins de phrases s'écrasaient, l'ennui les éteignait. Il fallait tendre l'oreille pour les dernières syllabes.

— J'ai déverrouillé les codes des portes palières et celles des chambres, vous pouvez y aller.

— Merci bien. Nous voici, alors.

Jean a soudainement surgi, est passé devant moi, chacun s'est écarté sans attendre qu'il nous demande pardon. Toujours en uniforme, la casquette collée sous le bras, sa tête était celle du type qui doit tenir son rôle mais qui s'en passerait bien. Il y a quelques minutes, juste avant le coup de téléphone, un homme qui travaille avait décrété qu'on a, finalement, toujours la tête de son emploi, et à ces mots Jean avait eu envie de pleurer.

— On ne peut quand même pas souhaiter être sans emploi ! De nos jours ça ne se fait pas ! et pourtant… avait-il répondu à l'homme qui travaille, mais ce dernier, d'abord, n'avait pas compris.

— Si c'est pour avoir une meilleure tête, c'est râpé d'avance, a fini par ajouter l'homme qui travaille. Sans emploi, vous avez la mine de celui qui en cherche un, avec l'angoisse au fond des yeux.

— Pas d'emploi du tout, je voulais dire… a tenté Jean.

— Mais c'est autre chose, ça ! a tonné l'homme qui travaille, péremptoire. Et pas donné à tout le monde ! Il faut le profil…

Jean avait failli rentrer dans le gérant de l'hôtel, qui rangeait son téléphone en avalant une dernière goulée d'air tiède ; un air plusieurs fois recyclé, purifié, mais qui gardait la vague odeur du bitume fraîchement coulé.

Ils se sont regardés, Jean et lui, puis chacun a tenu une des portes d'entrée de l'hôtel, et tout le groupe s'est ébranlé. Nous avons investi la réception ; comme l'eau d'une grande marée, nous avons entouré les tables basses en rotin et le distributeur de confiseries, rempli en quelques instants les escaliers, les ascenseurs.

Nous sommes entrés dans les chambres tapissées de vert pâle, sans regarder avec qui. Grenouille optimiste m'a suivie, silencieuse et fatiguée, ses gestes ralentis étaient interminables. Nous nous sommes allongés sur les couvre-lits, comme sous hypnose, habillés, chaussés. J'ai aidé une femme à déposer son petit garçon au milieu du lit, elle s'est installée au plus près de lui, ramassée en un corps étroit. Je me suis placée de l'autre côté. Des pieds débordaient le cadre du sommier, le matelas penchait. Grenouille n'a pas eu le temps d'ôter ses grosses lunettes avant de s'endormir profondément. Emportée par un rêve, elle sursautait ; une de ses chaussures est tombée au sol.

D'un œil, j'ai suivi le ballet silencieux de Jeff et son épouse ; ils ont choisi un coin du lit, leurs gestes étaient synchronisés, comme longuement répétés. Lui s'est allongé le long du mur par-dessus les oreillers ; elle a alors posé doucement la tête sur le torse de son mari, leurs corps formant un angle droit. Ils se sont installés rapidement, sans concertation audible, sans signe visible. Il s'est endormi aussitôt, un bras sur le visage. Christelle, les yeux ouverts et fixes, a commencé d'émettre de longs pets, chantants, jamais tonitruants.

Je l'ai bien vue s'ajuster instinctivement aux postures de Jeff, tout comme je l'avais vue, au restaurant, épouser la découpe prévue, se déformer pour entrer dans les contours de l'unique silhouette. L'illusion était presque parfaite ; il lui fallait si peu de temps pour s'emboîter qu'ils semblaient toujours bouger d'un seul tenant.

Bien sûr j'aimerais les interpeller, leur raconter ce que serait la vraie connivence, ce qui dessinerait autre chose que ce biplace humain, ce motif usé à deux couleurs. Mais je sais qu'il ne faut pas ; ils se reposent, je ne dois pas les déranger. Je me retiens, je m'avertis. J'imagine, pourtant.

Christelle monterait pieds nus sur le dos de Jeff, peau contre peau ; elle parcourrait très lentement sa largeur d'homme, cheminant orteil par orteil de part et d'autre des vertèbres, basculant délicatement son poids de pas en pas, remontant une piste entre les muscles enroulés. Ils auraient tous deux les yeux clos, elle sourirait d'entendre les grognements, les grondements de plaisir.

Je les entendrais se réveiller au milieu de la nuit, pour une raison connue d'eux seuls, peut-être un pari sur le nombre de chauves-souris pendues sous les arbres. Dehors, ils resteraient assis face à face, assez proches pour distinguer le brillant des yeux de l'autre. Puis elle l'interrogerait d'un silence particulier, d'un mouvement de la main vers le cou ; il lui répondrait, si tu veux, et s'approcherait pour lui réciter le passage d'un livre, celui auquel elle pensait à ce moment précis, sous le ciel de cette nuit-là.

Plus tard, remontés s'allonger sans bruit, ils se mettraient à rire, et nous ne pourrions que bêtement les écouter ; ils seraient là au milieu de nous, contorsionnés, s'essuyant les yeux, s'évitant du regard pour ne pas empirer leur hilarité. Pour le calmer, elle lui enfoncerait doucement un index dans l'oreille, le nez ou la bouche, et il se laisserait faire ; immobiles, mais s'éloignant de nous, tels des astronautes sortis de leur capsule, en dérive dans l'espace ; ils auraient omis de s'attacher.

Retiens-toi, Marthe, me supplié-je, ne tente rien, abstiens-toi. Souviens-toi de tes essais pour expérimenter cette complicité ; on t'a ri au nez, on a soupiré. Certains hommes ont sursauté, t'ont fait descendre de leur dos en criant ; d'autres ont arraché ton doigt de leur bouche, ulcérés. Les femmes, quand elles étaient témoins de ce genre de chose, venaient t'interrompre. L'une d'entre elles avait déclaré, furieuse, soufflant sur toi la fumée de sa cigarette, que tu étais stupide et arrogante, ignorante de tout, qu'on ne pouvait pas faire n'importe quoi.

Une vibration sifflante et aiguë se déclenche, un système de détection d'incendie ou bien le néon du couloir, un équipement qui semble ne plus jamais pouvoir s'éteindre. Le son strident s'ajoute aux respirations lourdes, aux tressautements, aux mâchouillements des bouches, à tout le combat pour respirer de l'homme qui dort. Une inspiration se déclenche, puis une autre, sèche, ou humide, encombrée de glaires, de l'eau des larmes ; respirer, activer la pompe, que le torse se soulève et qu'il redescende ensuite, reparte encore. L'enfant parle dans son sommeil, s'agite, son petit bras s'abat sur ma poitrine.

La lumière jaune du couloir se faufile sous la porte de la chambre. Dans la pénombre, je manipule d'une main mon téléphone ; j'ai reçu plusieurs messages écrits, et vocaux, tous en provenance de deux numéros que je ne connais pas. Je ne peux pas rappeler maintenant. Je ferai ça demain, mais ce n'est pas sûr ; car je serai avec mon père, j'aurai bien autre chose à faire. J'aurai à être avec lui, près de lui dans son odeur âcre, dans son silence plein de son souffle, dans son champ de vision ; peut-être pourrais-je aussi bien jeter ce téléphone, le balancer sous un lit. Ce n'est pas de l'absence de curiosité, c'est seulement ma volonté. Je veux me libérer des autres, décider sans leurs mots, qui ne répondent jamais aux miens. Il me semble que c'est cela que je veux, et dormir.

J'imagine une longue chaussette noire, douce et chaude, au fond de laquelle je me laisserai couler, consentante, prête à lâcher ce à quoi je m'agrippe ; mais ma cuisse frôle les fesses d'une femme parfaitement immobile et silencieuse, la seule dont je n'ai pas perçu la respiration depuis le début de la nuit. Sa présence inerte me rend nerveuse, plus que les ronflements de tous les autres.

Je ne peux qu'écouter leurs chants et la guetter, elle, dans son silence. Tous sont partis là où je ne sais pas aller.

Au matin, avant de quitter la chambre, je me change une dernière fois ; pour arriver pimpante chez mon père, pour bien démarrer les choses. Lui s'en fout, il n'a jamais d'avis sur ce que je porte ; mais quand il me revoit, il me renifle d'abord à distance, me regarde d'un œil faussement distrait, continuant de rincer son seau de nuit ou de tourner la salade. Pendant que j'approche, il me cherche derrière les vêtements, les couleurs, la découpe des tissus ; quand il m'a trouvée, il hoche la tête en faisant un mmmhhh, et il sourit, rassuré. C'est amusant quand ça lui prend un peu de temps, à cause d'une tenue qui l'étonne, quand il est bien obligé de regarder d'abord la robe, qu'il se perd dans le costume avant de remonter à mon visage.

Nous étions plusieurs à vouloir récupérer quelques affaires dans nos bagages. Enfournée jusqu'aux cuisses dans les flancs-coffres de l'autocar, à plat ventre sur d'autres valises, j'ai farfouillé dans la mienne pour extirper ce qui venait, au toucher ; dans le doute, j'ai pris plus que nécessaire. Je me suis enfermée dans les toilettes avec deux autres femmes qui avaient renoncé aux douches surpeuplées ; l'une s'obstinait pourtant à se laver au lavabo, la jupe soulevée d'une main.

Une voix rebondit dans le couloir, perce la cloison. C'est la voix d'une passagère qui exige, menace, vitupère l'organisation générale des choses, dans des phrases pleines de Tout de même et de N'importe comment. Je sors des toilettes et reconnais la mère de la petite qui me croyait clown. Je ne sens pas mes sourcils se soulever en arc, je les laisse parler pour moi ; elle entend mon étonnement.

— Quoi ? me répond-elle, c'est tout de même vrai que c'est mal organisé !... Vous trouvez ça normal qu'il n'y ait pas moyen de prendre une douche ?... Ça ne vous dérange, pas, vous...

Je ne suis pas sûre qu'il s'agisse d'une question.

A l'heure convenue, je descends dans le hall de l'hôtel. Marche par marche. Je fais claquer de mon mieux mes talons sur le ciment, mais la fête est finie. Femme pointue et Pelure ont trouvé un taxi dans lequel elles s'installent impatiemment, sans un regard pour nous, sans un adieu. Derrière les vitres des portières, leurs silhouettes aux épaules un peu raides s'éloignent et se métamorphosent. Subitement leurs cheveux paraissent soyeux, les bouches sensuelles et les pommettes conquérantes ; l'avenir auquel elles croient est évident. Elles savent ce qu'elles ont à faire et comment s'y prendre.

Je porte une chemise cintrée à coutures biaisées et bords non finis, en voile de coton à larges carreaux fondus dans les violets et jaunes, sur une jupe longue entravée, à basques, violine profond ; par-dessus le tout, un manteau d'été sans col, orangé tissé de gris, qui peut aussi être robe de printemps et parure de début de soirée, voire saut-de-lit, pour un très beau lit. Un pantalon en panne de velours, orange vif, complète l'ensemble : passé en écharpe autour du cou, l'emplacement de la culotte dans la nuque, une jambe jetée sur une épaule. Aux pieds, des bottillons en cuir naturel ciré, à zip intérieur et talons de bois. J'ai froid et je sens mauvais, mes cheveux surtout. On se bouscule pour monter dans les autocars.

— On est partis c'était hier, tout de même ! grogne un homme en me doublant. Je suis attendu, moi !

Et chacun renchérit, ils sont tous attendus, voulus ailleurs, ils ont une place à tenir quelque part, ils ne peuvent pas s'attarder ici, d'autant qu'ils savent à peine où c'est, ici. Sous le plein jour qui aiguise les arêtes et les angles, tout aux alentours semble fraîchement peint, plus neuf encore qu'hier soir.

Devant moi surgissent un nez, des oreilles et de gros yeux ronds couleur marron. C'est Serge :

— J'étais pas sûr… J' vous avais pas reconnue…

Je ne dis rien. Je ne cherche même pas en moi, je ne dis rien.

— Remarquez, on n'a pas vraiment eu le temps de se connaître…

Il faudrait s'éloigner sans autre forme d'adieu. On s'attarde toujours trop. Il porte encore sa chemise en polyester, à manches courtes ; les aisselles auréolées de sueur séchée m'attirent, provoquent quelque chose, un pincement. Je regarde un peu mieux son visage, on le dirait fabriqué du même papier mâché que les marionnettes géantes du Nord. En cherchant sur ses longues joues tristes les lumières de la boule à facettes – elles n'y sont plus –, la chanson et la danse du *Manureva* montent dans ma bouche en un renvoi acide.

— Honnêtement, Serge, il vaut peut-être mieux que vous n'abandonniez pas la reconstitution du *Manureva*.

— Ah mais !... Je ne compte sûrement pas abandonner ! Pourquoi vous me dites ça ?... Après ce que vous avez fait hier soir...

— Eh bien, au départ, ça m'a paru un peu crétin, cette idée de reconstruire le *Manureva* dans son hangar.

— C'est vrai ?

— Au départ seulement ! Maintenant, je pense que c'est bien, que c'est formidable. Vous êtes près du but, non ?

— Bof... J'ai fait les coques et une partie du pont... un peu de gréement... En même temps, les coques, c'est important... c'est le fondement du bateau...

— Bien sûr, les coques c'est le départ de tout. Dites-moi, Serge, vous qui êtes bricoleur, qu'est-ce que vous me conseilleriez pour recoller deux baguettes de bois biseautées, des corniches d'armoire que je n'arrive plus à repositionner pour qu'elles forment un angle droit ? Voyez ?

— ... Vous avez essayé de les retailler ? Il faut scier un petit bout pour faire le raccord. C'est ce que je ferais, moi.

— Mais oui ! Je n'y avais pas pensé du tout. C'est ballot !

Il a voulu me donner son adresse pour que je vienne les voir, lui et le projet de bateau, mais j'ai expliqué que je trouvais cela trop personnel, si intime. Et puis s'il réussissait à en venir à bout, on lui consacrerait quelques minutes pendant des informations régionales, peut-être nationales. Nous nous sommes séparés ; il aurait aimé que je danse encore pour lui, je n'en doute pas ; moi j'aurais aimé respirer ses aisselles, m'y frotter ; il ne pouvait pas l'imaginer, mais c'était seulement cela.

Je suis dans un train où je ne connais personne, un train presque vide. Dans deux heures au plus, j'aurais les pieds sur la terre noire du bout du jardin, le coin toujours à l'ombre où l'herbe refuse de pousser. Il sera par là, pieds nus, ou dans ses vieilles bottes de caoutchouc décolorées par le soleil d'une soixantaine d'étés, au moins.

Je parcours toute la longueur du train pour trouver une voiture-bar qui n'existe pas. Je passe un moment à guetter le service ambulant de restauration. Je cherche ensuite un endroit pour fumer, et finis par choisir l'espace à soufflet qui sépare deux wagons, ce vestibule en accordéon. A nouveau secouée par les cahots, bras écartés en balancier ; les chaussures prisonnières du sol en plastique dont les énormes plissements s'écartent et se resserrent selon les courbures des rails. Je me souviens soudain que je ne sais pas fumer, que je n'ai jamais de cigarettes. Pourtant j'aurais aimé en sortir une d'un paquet allongé, l'allumer d'un air préoccupé, laisser négligemment la fumée sortir de mon nez. S'il n'y avait eu personne pour m'observer du coin de l'œil, je me serais contentée de mon propre regard.

Mon oreille recommence à couler.

VII

Assise à l'arrière d'un taxi, qui approche enfin. La route monte, serpente ; les virages, un dans l'ombre, l'autre au soleil, s'enchaîneront jusqu'à l'entrée du village ; la voiture longe les soubassements d'une maison, la contourne ; après l'épingle à cheveux nous n'en verrons plus qu'un toit, en contrebas ; un massif de hautes montagnes devant, un second plus tassé derrière, pour fermer la vallée. Si je me retourne sur la banquette, je sais ce que je verrais à travers le pare-brise ; la ligne plate de ce bloc, long mur d'ombre, rocher nu sous le ciel, et son soudain décrochement vers l'est, ces dénivelés arrondis qui esquissent le profil d'une tête de grand singe.

Tout est là, toujours, la terre sous les sapins, les éboulis, la verticale noire des troncs sur la pente claire des champs, les hameaux aux rues sans trottoirs. L'herbe se faufile naturellement dans les fissures, et la terre, les ronces et les fraisiers sauvages frisent à la rognure du bitume ; les murs des maisons se dressent brutalement, sans l'avertissement d'une marche ou d'une terrasse : le ruban de goudron s'arrête au pas de la porte. De ces rues-là, il semble qu'on puisse se sauver plus facilement ; elles laissent deviner que les bois, forcément, sont tout proches.

Tout est là comme chaque fois, mais il faut que le taxi soit entré depuis une petite seconde dans tel virage pour que je me dise, tiens, c'est ce virage, c'est celui-là, celui qui est très serré et qui passe sous la grange. Je connais tout de cette route, les amoncellements de pierres et les ravines, les talus herbeux, les bosquets serrés et les trouées soudaines sur la vallée, les panneaux indiquant les lieux-dits ; celui du dernier virage annonce le prix gagné au Concours national des villages fleuris. Je sais la couleur des sapins dans l'orage, la rampe d'éclairage qu'on allume le soir un peu à droite au-dessus des derniers champs, à la hauteur des pistes de ski. La roche qui devient bois qui deviennent champs qui dégringolent jusqu'au ruisseau invisible, toujours à l'ombre, au fond du vallon. Je connais tout mais c'est en mémoire ou en rêve que je m'y sens le mieux ; parmi les arbres, je suis rayon de lumière, aussi furtive que le craquement d'une branche ; je coule entre les feuillages, glisse le long de la mousse des troncs, puis je chemine dans la terre humide, me faufile jusqu'à l'eau scintillante des bassins, toujours glaciale, même l'été.

Je descendrai de voiture couverte d'une pellicule fine mais étanche, lente à se désagréger. Elle m'isolera de la forêt pendant plusieurs jours, il faudra attendre un peu avant de pouvoir m'y faufiler à nouveau, et retrouver les chemins secrets tracés sur les rais de lumière.

C'est là. Je dis au chauffeur de taxi qu'il peut s'arrêter. Je le paie. Il y a du monde sur la place, des regards convergent vers la voiture. L'entrée du village est incurvée, creusée dans son milieu, il faut remonter ses parois pour gagner les premières maisons. L'église se penche comme un haut robinet gris sur cette cuvette géante, la refroidit de son ombre. Au fond, le monument aux morts, carré, planté dans le gravier, avec le drapeau tricolore et la plaque de commémoration. Mon regard parcourt la place, fouille au-delà de l'église, cherche instinctivement ; malgré les nombreuses silhouettes, les voitures garées, je localise rapidement la portelle de bois et son toit de tuiles, l'entrée de la maison, derrière la cure.

Le chauffeur sort mes bagages ; j'ouvre ma portière, et reçois l'air froid sur mes joues. Ces regards. Certains prénoms m'échappent mais je les connais tous, et eux aussi me reconnaissent. Ils sont habillés de sombre, en costume, et ce n'est pas leur genre. Je les reconnais mais je les trouve figés, est-ce parce qu'ils ont mis des ceintures à boucle fine ? Je sens déjà l'air et la lumière se brouiller, tout ce qui vit semble embarrassé.

Ils me regardent. Marthe, me fais-je la remarque, c'est étonnant comme ils te regardent ! Je ne sais pas si je dois m'en réjouir, m'en flatter. Pas un ne bouge. Ils étaient en train de s'éparpiller quand la voiture a stationné ; ils se dispersaient en cloportes, et là ils me dévisagent et se consultent, silencieux.

Les oiseaux, les enfants, même les fleurs légères, tout est empesé par l'attente gênée. Je perçois la brutalité de mes gestes pour empoigner mon barda, mes lourds bagages, mon petit sac à main à longue anse ; un très joli sac, ouvragé, incrusté de miroirs minuscules taillés en losanges, un vrai leurre pour alouettes. Les gens le remarquent parce qu'il brille, mais ne voient pas sa finesse, son élégance ; ils s'attardent ailleurs, sur mes chaussures ou mes cheveux, je les vois faire. J'aime beaucoup ce sac à main, et je trouve qu'on ne l'apprécie pas à sa juste valeur ; oui, voilà ce que je pense alors, réalisant aussi qu'il me faudra bien découvrir la raison de cette stupeur qui les saisit, que plus tard je m'inquiète de savoir ce qui les effraie. Est-ce une chose qu'ils connaissent déjà, ou bien la surprennent-ils sur moi ? Je me sens raidir à mon tour.

En voici un qui s'approche, et aussi une femme, Marie-Claude, son nom me revient. Elle fait quelques pas, elle parle, du fond de son chemisier gris foncé, sa veste noire sur le bras ; ce sont des gens qui ont toujours trop chaud. Elle a parlé, cela encourage les autres, et maintenant il leur vient à chacun un bout d'une même histoire qu'ils veulent me dire, par deux ou trois mots. Je retiens une remarque moqueuse sur leurs façons étranges et inhabituelles, je me réchauffe d'abord au brouhaha de leurs voix mêlées, sans prêter attention aux mots ; je respire le paysage qui se complète enfin, se déplie, le vent reprend son cours ; ils parlent.

Ils me disent :

— On en revient juste.

Il y a l'accent, et les mots lâchés après avoir été comptés.

— De l'enterrement, de ton père.

Ils se sont mis à plusieurs pour l'énoncer, il faudrait pouvoir reconstituer le propos. Je tente de ficeler une phrase entière, quand Paul – il s'appelle Paul, mon père l'appelle *continge*, une histoire de gars nés la même année –, Paul me dit qu'il a tenté de me joindre des tas de fois, il a même envoyé des messages sur mon téléphone, son fils les a tapés pour lui. Il me fait remarquer que je n'ai jamais répondu ni rappelé, il me gronde presque :

— T'es drôle, le père, fallait bien l'enterrer, il pouvait plus attendre, maintenant, ça fait cinq jours !… faut faire quand c'est le moment !

Tous les autres, redescendus des rebords, agglutinés autour de moi – les jours de grosse pluie, on voit danser les gravillons en petits torrents mousseux qui se rejoignent ici, au creux de la place –, tous les autres confirment par des oui, c'est vrai, fallait bien. Ils se renvoient les mots comme on fait tourner une balle, chacun doit l'attraper au moins une fois. Nous nous tenons assez loin les uns des autres, nos mains le long du corps, seuls les mentons s'avancent. Ils répètent que ça fait cinq jours.

Cinq jours, me dis-je sans savoir quoi faire de la précision ; je le chuchote pour moi, ils m'écoutent murmurer. Cinq jours, est-ce trop long ou bien trop court ? Je n'arrive pas à peser ce délai, j'hésite à le compter sur mes doigts.

Mes yeux et mes tempes flambent. J'entends un hurlement de rire partir de moi, le rire le plus fort que j'aie jamais produit il me semble ; je crains que mon tympan ne se déchire, le cri est assourdissant. A travers la fente de mes paupières, j'aperçois l'alignement des trognes perplexes. Leurs oreilles s'allongent, ils se grattent nerveusement à travers leur pantalon de cérémonie. Ils sont tous au bas des marches, maintenant ; les hommes de l'âge de mon père, leurs femmes, et puis leurs enfants, ceux du même âge que moi, et puis leurs petits pour certains.

Je laisse le bruit de mon rire tout engloutir ; malaxée par les spasmes de mon abdomen, la gorge brûlée par les éclats des cris, j'ai l'espoir que ces secousses emporteront l'angoisse qui nous baigne ; mais tous semblent attendre autre chose, j'ignore quoi. Refermant la bouche avec difficulté, les mâchoires engourdies, je remarque leurs chaussures noires, poussiéreuses à cause des gravillons, et les portes ouvertes de l'église.

Je décide de leur parler. Je peux bien leur dire, à eux, ce qui me vient à l'esprit quand je les vois. J'aimerais exposer les choses franchement, avoir une discussion posée et claire. Pourtant les mots sortent de ma gorge en sons rauques, arrachés. Je les entends sans parvenir à les adoucir, les phrases sortent de moi dans un débit haché que je ne maîtrise pas. Il faut leur faire confiance, ils comprendront. Je tente de leur expliquer pourquoi les gens sont si moches, les gens dans leur majorité, tout comme eux par exemple, si mornes, leur chair triste tranquillement écroulée. Il suffit de regarder, leur dis-je, la boule de graisse qui vous sert de menton, et vos bonnes femmes dans leurs jupes tombantes en abat-jour ; vous avez perdu la bataille, cela se voit tellement ! C'est parce que vous savez qu'il n'y a plus personne, devant ; vous avez compris que vous étiez en première ligne. Personne ne surveille la profondeur de vos cernes, ne vous attend, ne vous gronde. Vous survivez, seul comme une vilaine bête, la vieillerie grimpée d'un coup sur vos épaules, celle qu'on portait pour vous. Vous recevez en pleine face cette odeur contre laquelle aucun corps aîné ne fait plus écran ; je vois bien votre grimace permanente, à cause de l'odeur. Pour certaines et certains d'entre vous, leur dis-je la plus amène possible, il a fallu y être très tôt, en première ligne ; très tôt, voire dès le début. Moches et puants depuis tout petit, ce n'est pas de chance.

Je voudrais accompagner mes mots d'un sourire de consolation, les sentir s'apaiser, mais je ne vois que mes mains bondir, griffer l'air, et leurs yeux affolés tenter de les suivre.

Vilains dès le berceau, continué-je avec essoufflement, vous n'êtes que des bien portants qui vont et viennent, s'occupent, la date de péremption en sautoir autour du cou. Même les plus costauds d'entre vous, lorsqu'ils soulèvent un bras musculeux, découvrent leur fin cachée dessous, accrochée comme une tique. Et cela ne semble jamais vous étonner vraiment. Vous continuez de reproduire les gestes des vivants, vous pestez comme les autres après le manque de pluie, mais le cœur n'y est pas. Moi-même, dans cette situation, je déclinerais très vite. J'entamerais la métamorphose en future dépouille, en un bricolage d'os ficelés dans du tissu tiède.

La tête qu'ils font. On dirait que je leur fais peur ; il est possible que j'aie peur moi aussi, je sue, je postillonne, je me sens mouillée. L'un d'eux, d'ailleurs, dit aux autres de ne pas faire attention, que la peur me fait parler fort, que c'est nerveux. Je me souviens de lui, il habite la dernière ferme du village. J'ai toujours détesté son chien noir, il aboie juste quand on croit qu'il n'aboiera plus, quand on se détend et qu'on allonge un pas plus naturel en pensant, ça y est, je suis passée, je suis à l'angle de la ferme ; c'est là, dans notre dos, qu'il se met à japper férocement, et on sursaute à s'en décrocher le cœur. Je me souviens de ça, alors je me tais un instant, je laisse un silence se poser, puis je jappe, très fort, pour voir s'ils sursautent. Je sais pourtant qu'il est difficile de restituer la détonation sonore du chien noir aux oreilles d'un paisible passant.

Il faut peut-être arrêter, Marthe, de leur crier qu'ils sont moches et que tu le deviendras aussi. Je crois qu'ils ont compris, à moins qu'ils ne comprennent jamais, et ce n'est pas la peine. Le type au chien me dit qu'ils aimeraient me conduire jusqu'à la tombe, pour que je ne sois pas seule. Ils veulent y retourner avec moi, tous ; pour s'encourager, ils recommencent à lancer la balle, oui, on t'accompagne, si, on l'accompagne. Marie-Claude dit qu'il faut quand même que je sache où on l'a.

Où on l'a quoi ? C'est un mot qu'ils ont déjà prononcé tout à l'heure. Enterré, me soufflent-ils. Je les remercie vivement. Voilà ce que vous avez dit, enterré ; je devine que c'est une information d'importance, mais comme pour l'histoire des cinq jours je ne sais pas quoi en faire. Ils m'entourent. J'ai bien peur qu'ils n'essaient de me prendre par le bras.

Tu hurles, Marthe, te rends-tu compte que tu hurles ? Des femmes s'approchent pour te rassurer mais lèvent les mains devant leur visage, elles craignent tes coups. Tu as de la chance, elles te connaissent ; même si tous ne se souviennent pas de ton prénom, ils t'ont vue jouer aux cailloux, aller chercher le lait, monter dans le car pour l'école.

Je traîne mes valises jusqu'au cimetière, j'ai refusé qu'on m'aide. Ils me suivent à distance, creusant un périmètre de vide autour de moi. Je monte les marches avec mes bagages, je les tire un par un. Une main se tend, une voix indique un emplacement. Il est là, me dit-on.

Je me sens gagnée par une rage confuse ; ne pas comprendre pourquoi augmente ma fureur. Ils se sont répartis autour de cette tombe, surmontée d'une plaque grotesque dont ils semblent très fiers. Regarde la plaque, insistent-ils du regard, alors je lis son nom et puis les dates. C'est fait comme il faut, comme sur les autres tombes, sauf que le marbre est plus brillant, que les fleurs sont vraies, que la terre est très noire, neuve elle aussi, on la voit briller, grasse sous les gravillons blancs.

Je monte sur la tombe, j'y pose mon sac à main. L'assemblée des endimanchés rouspète, mais moi, Marthe, je leur crie de me ficher la paix. Foutez-moi le camp ! Je veux lui parler ! Alors que mes talons s'enfoncent dans la terre encore meuble, je perçois leurs gémissements ; on dirait que c'est leur corps que je piétine.

Laissez-moi lui parler ! grondé-je sans les regarder. Je hisse les sacs sur mon estrade de fête foraine. Du bout du pied, je pousse les gerbes de fleurs ; ils ne peuvent pas se retenir de protester. Je m'agenouille, ouvre mes bagages ; j'en sors mes chaussures. Certaines s'étaient nichées entre les épaisseurs de tissus, je les en extrais doucement, une par une. Ils se détournent, marmonnent que ce n'est pas soutenable. Très bien, aboyé-je, je n'oblige personne !

Je suis là, je suis venue, je veux le lui dire. Je sors toutes mes chaussures, voyez ! Il les aime bien, il me semble… Elles lui tirent toujours le coin de l'œil… Pointe, talon, pointe, talon… Je les pose… je les dispose sur le rectangle de terre, je figure une suite de femmes, elles se font face puis s'écartent, elles le cherchent. Il manque quelques touffes d'orties, pour celles qui ont les chevilles nues… Voici encore celles-là, des sandales à lanières, et puis mes ballerines en toile… Et mes bottes, bien sûr, toutes mes bottes ! Les plus belles, je les ai aux pieds, c'était un peu pour lui. Attendez, je les enlève… Quoi ? Qu'est-ce qu'ils ont, eux, à hausser les épaules et se mettre la main devant la bouche ? Oh, je ne m'en occupe plus. Tac, tac, et tac, j'installe les dernières, elles chaussent les pieds d'un cortège entier de femmes formidables venues le visiter… c'est une file d'attente, on fait la queue pour lui ! Il y a celles à qui il avait demandé de ne plus venir, celles que j'ai devinées sans les voir, celles qui ont compris très vite. Il y a celles qu'il a su cacher, je vais lui dire qu'il peut maintenant les recevoir. Ou bien c'est seulement moi, toujours moi, qui tourne et vire autour de lui. Ces derniers temps il était seul, il n'entendait pas mes talons dans l'escalier, ni sur le carrelage. Désormais je suis là, et je lui amène du monde, je les accueille pour lui, nos pas se croisent, on se bouscule ici !… Il faudrait qu'il voie ça.

Si ça se trouve, il s'en fout, je ne sais même pas s'il m'entend.

C'est toi que je n'entends plus, Marthe. Il semble que quelque chose ait cédé, dans l'estomac ; c'est par là que je comprends le mieux. A cet endroit les phrases prennent tout leur sens, je cache un dictionnaire dans les marais bilieux de mes viscères. Quand il a reçu une information et que je continue de l'ignorer, mon estomac se fait aider par une banque d'images ; une collection de visions, des souvenirs en estampes, dessins, polaroïds, les croquis de l'imaginaire, on trouve de tout. Un son, une odeur, une texture suffisent pour ouvrir la collection.

Une femme debout derrière la tombe, tournée vers une autre plus âgée, a prononcé des mots à voix basse ; la brise les porte jusqu'à moi : *Faudrait peut-être lui dire que son père on l'a laissé partir en terre dans sa chemise de tous les jours !… Faut lui dire qu'on n'a pas trouvé de costume…*

Pourquoi ces mots cheminent-ils mieux que d'autres ? Ils arrivent à l'estomac par le dedans, ils ont trouvé le chemin, ils ont forcé un barrage qui a lâché ; c'est plus fluide maintenant, ça circule, les voici qui filent jusqu'au crâne, la moelle épinière les y conduit. Arrivés là-haut, les mots recherchent l'illustration idoine, c'est automatique. Le portfolio s'ouvre, l'assortiment de photos s'étale sous les paupières. Impossible de m'y soustraire, tout mon intérieur en est tapissé. Il y a celle prise au petit-déjeuner, il pose dans sa chemise de tous les jours, au coton adouci, velouté par la saleté et l'usure, une patine soyeuse tendue sur son ventre. Cette autre est aussi très bien, un gros plan du bout de ses doigts claquant un rythme, la peau épaisse du pouce et du majeur réunis ; on devine les volutes de l'épiderme, l'écrasement de la pulpe. En voici une nouvelle, une création instantanée qui se faufile en filigrane, en mosaïque d'abord floue. L'image se précise et s'affine ; c'est bien mon père, mais le cliché est très sombre, à cause d'un mur tout contre son visage, ou un plafond très bas, à moins que ce ne soit un couvercle qui l'encadre et le frôle, contenant à peine les reliefs du visage. Ça lui fait une tête grise, aplatie, mate ; c'est lui dans son cercueil, c'est lui en nature morte. Cette photo se bagarre avec d'autres, en surimpression. Je lutte pour le faire surgir en train de scier du bois, quitte à bâcler la mise au point et le cadrage. Mais une seule seconde d'inattention suffit pour que le noir coule à nouveau sur le visage sous la planche, écrase le nez et estompe le menton ; il s'enfonce, absorbé. J'envoie tout mon regard pour éclairer l'intérieur de la caisse en bois, l'ensoleiller comme en été, jusqu'à la blanchir. Sa silhouette de plain-pied revient, il traverse ma chambre, le parquet craque sous son poids malgré ses pas mesurés ; il ferme les volets, les rabat doucement, j'ai dû m'endormir en lisant sur mon lit. Il bouge, il marche vraiment ! C'est un film ! Je peux zoomer sur son corps terriblement proche, accessible, approcher son sourire qui brille dans la pénombre, un sourire large et rassurant comme un nom retrouvé après une amnésie.

Si j'ouvre les yeux, je le perds. Je laisse défiler le film, pourvu que le son de sa voix reste inaudible ; je préférerais ne pas l'entendre, ni sentir son odeur, je crois que je ne pourrais pas. Je tends la main, aveugle espérant le toucher, m'y cogner ; ce qui me manque terriblement, c'est la possibilité de heurter son corps, de buter l'un dans l'autre. La projection continue entre mes tempes. Les yeux fermés je tends la main, je la promène sur la couche de terre noire, juste au-dessus, dans l'air vide.

A quoi ressembles-tu, Marthe, regarde-toi, écroulée, pitoyable, effondrée sous tes cheveux collés, une masse qui sanglote, qui s'étouffe dans ce qui coule de son nez et de ses yeux ; tes hoquets sont si enroués, on dirait que tu miaules. Tu en baves, va, ce n'est pas une image : tu baves sur tes mains. Tu es sale, tes pieds nus enfoncés dans la terre ont écrasé les fleurs.

Tu vois comme tu es, ma petite Marthe ; tu rigoles, tu hurles de rire, et puis tu pleures.

Ils m'ont raccompagnée dans la maison, ils m'ont transportée et déposée sur le canapé du salon. J'y suis restée longtemps, bien après qu'ils sont repartis, et puis encore après, des jours, des nuits ont passé sur ce canapé. J'y dormais, j'y campais, Marie-Claude m'apportait de quoi manger, aérait la pièce ; je la suivais des yeux, je ne me levais pas. J'essayais de me projeter aux angles du plafond, j'essayais la dispersion, la volatilité, mais rien ne se produisait, à part le besoin de changer de position. Un jour, l'automne avançait, il m'a fallu une couverture supplémentaire ; je suis allée la chercher où je savais la trouver, dans un placard du couloir, à l'étage. J'ai fait le chemin sans réfléchir, j'ai tourné les poignées de portes et monté l'escalier, je ne ressentais rien de particulier, sauf que la tête me tournait un peu. Je n'avais pas revu ces endroits depuis des mois, pas même le jour de mon arrivée. Les placards se sont ouverts facilement, peut-être m'ont-ils paru moins hauts qu'avant. J'ai descendu la couverture, je l'ai dépliée sur le canapé du salon, mais je ne me suis pas recouchée.

Petit à petit, les choses se sont réanimées. J'ai d'abord passé du temps dans le jardin. Devant la maison, puis derrière. Quand l'herbe était trop mouillée, je m'asseyais sur le muret d'enceinte, près des poiriers, ou sur une des marches qui conduisent à la cave. Après quelques semaines, je me suis aventurée dans le village, et puis hors du village, le long des champs jusqu'à ce qu'un barbelé m'oblige à faire demi-tour. Mes pieds raclaient le sol, traçaient des ronds le long des fermes, suivaient un carré autour d'un bassin. Parfois je poussais jusqu'au départ des randonneurs ; ils descendaient de voiture, ajustaient leurs chaussures à lacets, et s'élançaient, tournés vers les sentiers élégants et suspendus ; moi je m'en tenais aux chemins à vaches, montant et descendant les sentiers boueux des sous-bois humides. Certains jours j'envisageais une boucle plus large jusqu'au hameau suivant, en passant par le col des Fines ; mais une fois là-haut je pivotais sur mes talons, je me précipitais pour redescendre au village. Il ne fallait pas que je loupe l'angélus, j'ai souvent abrégé mes promenades pour l'entendre sonner.

Je suis restée vivre ici, adossée à la montagne. On peut noter que je trouve les gens un peu moins laids ; c'est sans doute que je m'habitue, je finirai par leur parler sans plus d'attention aux détails. Je trouverai même que l'allure est vive, et gaie ; j'apprendrai à reconnaître dans leur regard la lumière de ceux qui luttent. Il faudra bien y parvenir, ou décider une bonne fois que ce n'est pas important, puisque je leur ressemble maintenant.

Je pourrais être fière de ma vie ; presque rien, des variations à peine visibles sur l'ébauche d'un thème minuscule, voilà ce qui m'aurait fait rêver, il y a quelque temps encore. J'aurais eu alors beaucoup de mal à vivre de si peu.

Je vois les arbres et les parois rocheuses, mais je ne suis pas sûre de savoir les regarder. En fin d'après-midi, la montagne devient un décor découpé dans le ciel, qu'on peut fixer sans être ébloui ; je m'allonge dans l'herbe en tournant le dos aux sommets, et reconstitue mentalement le tracé des crêtes, la frise des cassures, pics, à-plats et sinuosités diverses. J'essaie de me réciter un petit tronçon d'horizon, celui qui part, en tirant une ligne imaginaire, à la verticale du bûcher jusqu'au-dessus des massifs de groseilliers ; ça doit être précis. Après la reconstitution, je me retourne pour confronter ma copie mentale avec l'original ; jusqu'ici je me suis toujours trompée, et pas de peu. Je n'ai cependant rien prévu pour m'améliorer, je sais que je recommencerai et ça me fait sourire ; je renifle le gazon envahi de pissenlits, je m'y verdis les joues, j'écrase une fourmi sur ma cheville.

Je pisse un peu sur les orties, aussi, mais plus par principe que pour le plaisir, car les feuilles dentelées piquent mes cuisses, si je reste debout je m'en fiche partout, jusque derrière les genoux. Tous les trois ou quatre jours, je vais sur la tombe déplacer les chaussures. Dès le milieu de l'escalier qui mène à la plus haute allée du cimetière, j'aperçois les taches de couleur des différents cuirs, des talons, des brides. Elles prennent la pluie et le froid ; quand elles sont décolorées, j'en apporte des neuves achetées pour lui, à lacets, à fleurs, je fais un assortiment. Personne n'y touche, elles entretiennent un piétinement muet, des allées et venues, les valses-hésitations et pas perdus de visiteuses montées sur sa tombe. Moi-même je ne me chausse plus que de bottes fourrées, j'ai tout le temps froid dans la grande baraque.

Je suis allée voir un retour de chasse au chamois chez la sœur de Marie-Claude. Les femmes avaient préparé des pâtés à la viande et des tartes aux fruits, de longues tables étaient dressées pour trente personnes au moins. Ce soir-là les chasseurs étaient revenus, leurs familles les fêtaient avec rage, peut-être les maudissaient-elles sans cesser d'être joyeuses ; je n'ai pas réussi à savoir.

Il y a beaucoup de bruit, je sens mes pieds froids mais mon ventre et ma tête brûlent, l'air de la pièce est poisseux, les vitres embuées. Je tâte les peaux tièdes des bêtes, étalées en butin sur une toile cirée ; on m'a proposé en riant de me les offrir, et je n'ai pas dit non. Un jeune garçon sautille près de moi, surexcité à la vue de son père crotté, des mains ensanglantées, affolé par l'odeur mélangée des bêtes et des hommes. J'approche ma tête de celle d'un chamois, je voudrais le détail, le blanc de l'œil, les naseaux ; le garçon la saisit par les oreilles pour la remuer, faire croire à un dernier tressaillement de l'animal. Il rit nerveusement quand je sursaute, il a plus peur que moi. Je me dis que dans la mort ces bêtes à fourrure gardent une certaine allure, les poils ne meurent pas, les sabots non plus, la gueule doit simplement se ratatiner en séchant. Mon père, lui, sous la terre, doit commencer à ne plus ressembler à rien de supportable ; il faut une dizaine d'années avant qu'il ne reste que les os bien nettoyés. Le velours qui capitonne la caisse disparaît avant les tendons, les muscles et la peau. Pendant la soirée et toute la nuit qui suivent la visite aux chasseurs, je dois menacer mon cerveau des pires représailles s'il lui prend de déclencher une projection sur le thème du pourrissement des morts ; j'ai bien assez à faire avec celui des vivants.

VIII

Une fois par semaine passe la camionnette du crémier, qui vend des tas de choses en plus de la crème. Il corne quand il entame le troisième virage avant l'entrée du village, puis il cherche pour se garer l'endroit le moins pentu de cette fichue place en entonnoir. Une queue se forme, sous le comptoir démontable. Les femmes tiennent une liste à la main, un grand fils ou le mari retraité les rejoignent parfois, pour porter le panier. Je n'achète pas grand-chose, mais je viens. Ce n'est pas que j'aie prévu de venir, ce n'est jamais programmé ; mais j'entends corner dans la montée, et je me vois prendre mon panier, et le vieux porte-monnaie à fermoir métallique qui reste dedans d'une semaine sur l'autre. Je traverse le jardin, j'ouvre le portillon du fond ; comme les gonds grincent, des visages se tournent, je leur fais un signe de la main.

Les gens du village finissent par me dire un mot. Ils disent, Ne t'inquiète pas, il faut du temps. Ils aiment bien me répéter ça, Allez, ça va se mettre en route. Je ne réponds rien, je ne veux pas contrarier leurs intentions, je ne sais pas précisément à quoi ils font allusion, et puis ce serait long et fatigant d'expliquer l'armoire à la corniche cassée, le vernis à ongles et la caissière, la décision à propos de la volonté pure, le départ en train, les cheveux dans la porte, et tout le périple, toute cette mise en route, justement. Ce qui me reste en travers, c'est de n'avoir jamais eu de réponse à la question posée, et de ne pas avoir pu montrer à mon père la photo du vieux au visage strié par l'empreinte de la cage.

Qu'aurait-il dit, mon père, au sujet de mon projet ? Au sujet de la volonté pure ? Il aurait attendu, laissé monter sur ses lèvres le fredonnement d'une chanson, ou un petit rire, content que je sois là de toute façon ; la raison des choses ne l'intéressait pas. Je peux imaginer son sourire ou l'air de la chanson, mais ça ne me suffit pas, je suis déçue.

Parfois je me dispute avec l'homme du local à photocopies, qui vient de temps en temps passer la fin de semaine. Nous discutons de la volonté personnelle, des projets ; je me souviens des frigidaires à crèmes de beauté et du *Manureva*, je trouve qu'il s'agissait d'ambitions formidables. Il se moque de moi, de mes rêveries incorrigibles à propos d'une vie meilleure, il rit tout seul à cette idée. On aborde souvent ce sujet après qu'il m'a prise contre la photocopieuse installée dans la dépense ; il a fait venir cette machine en camionnette, il m'a dit que c'était mon cadeau pour les quinze prochains Noëls, avec des dizaines de cartons de papier blanc que nous avons entassés autour de la machine en piles les plus instables possibles. Il nous enferme dans la dépense, sous l'ampoule électrique, il met la photocopieuse en marche. Parfois il commence par imiter un de mes anciens collègues ; en quelques gestes il fait surgir la personne, alors je discute avec ce collègue, et nous sommes à la cafétéria, un gobelet de plastique à la main, le badge à la ceinture. Cela me fait rire, la conversation se découd, il dit des grossièretés, je le pince, il tire sur mes vêtements ; finalement il me plaque sur le capot, nous tombons à grand fracas dans les ramettes de papier, il me relève, je suis presque nue. Plus tard, j'ouvre la porte de la dépense qui donne sur l'arrière de la maison. Nous voici soudain dans le plein jour, je sens ma peau s'enrober d'air. Nous avançons, pieds nus sur l'herbe humide. Il fait frais, la montagne est là, muette, sans projet ; elle renvoie simplement la lumière mouillée et rose du soir.

Je reste un peu dehors, lui rentre préparer un repas ; en réalité, il en prépare plusieurs, utilise toutes les poêles et les casseroles qu'il trouve. Il cuit, rissole et enfourne le comestible de mes placards et du jardin, l'oseille sauvage, les fruits tombés, les patates de fumier au goût de noisette. Ensuite nous piochons dans les plats éparpillés. Je mange les restes au fil de la semaine, je les réchauffe, les rallonge à l'eau. Je racle les fonds et ne jette rien tant que le moisi n'a pas fleuri.

Quand l'homme du local à photocopies repart le dimanche en fin d'après-midi, je vais m'asseoir un moment sur les marches de l'église. Des enfants tournicotent, donnent des coups de bâton dans les jardinières, montent à deux sur un vélo, tombent. Une mobylette approche, écrasée sous la silhouette hommasse de Marie-Claude. Elle revient de son potager, un panier posé sur les genoux, du guidon pendent des sacs de plastique d'où dépassent des légumes, des fanes pour les lapins. Elle se gare près de moi, reste assise sur la selle, les pieds à terre. Je suppose qu'elle a plus de soixante ans ; sous la robe informe, sa carcasse lourde se termine par des sabots de caoutchouc dans lesquels elle galope tout le jour avec énergie. Elle fouille dans ses sacs, me tend des tomates que je trouve trop mûres, je ne le dis pas ; elle pose sur mes genoux une aubergine, une salade terreuse. Elle ne sourit que d'un côté, et en même temps cligne de l'œil, mais de l'œil *opposé* au côté qui sourit. J'ai essayé de reproduire cette mimique devant une glace, cela m'a paru quasiment impossible, sauf à tricher. Marie-Claude pourtant offre un vrai sourire ; ni un rictus ni une grimace, un sourire tout à fait détendu, mais limité à une demi-largeur de lèvres. Peut-être ignore-t-elle que personne d'autre ne saurait faire ça.

Elle parle sans attendre de réponse, comme on réfléchit tout haut. Elle me raconte les péripéties d'un couple de citadins venus s'installer dans le haut du village, où il n'y avait autrefois que des champs à vipères. C'est aujourd'hui une zone construite, équipée d'un éclairage de nuit automatique ; il est prévu de border son chemin de vrais trottoirs. Par ici, on a toujours bâti des maisons massives et carrées, en pierres ; c'est le toit tuilé à quatre pentes qui leur donne une allure paisible et définitive. Mais ce couple voudrait une maison originale, en bois d'Orong. La femme surtout tient à ce matériau. Le maire a refusé le permis de construire.

— Ils se sont fâchés ! Ils n'étaient vraiment pas contents ! m'explique Marie-Claude, écrasant à chaque exclamation la selle de sa mobylette. Elle a les joues roses, une moustache irrégulière, le nez pointu ; quelque chose remue sans cesse dans sa figure, un mouvement perpétuel, comique comme le balancement de la queue d'un chiot.

J'entends ma voix répéter, en bois d'Orong.

— Ils ont expliqué qu'ils avaient déjà acheté les bardeaux de bois, que c'est naturel… Tu penses que le conseil municipal, ça leur a fait ni chaud ni froid ! Le bois d'Orong, nous a dit le maire, ça vient de futaies exotiques qui n'embauchent que des gamins mal nourris, quand un tronc en écrase un, on relève seulement le tronc, et on le vend.

Puis elle fait ce bruit de bouche, le bruit de mordre du pain rassis, elle y va carrément. Ses dents cognent les unes sur les autres. Elle fait ça souvent en parlant, ses joues ne tremblent même pas ; peut-être que ses dents sont fausses. Son tic m'effraie un peu, mais j'aime bien ces moments, j'oublie qu'elle vieillit.

Six heures sonnent. Les marches de l'église sont dures et froides sous mes fesses, l'ombre qui s'allonge affûte les angles du monument aux morts, noircit les sapins. Je tire sur ma jupe en laine bouillie. Je l'avais achetée pour venir ici, je la trouvais assortie aux promenades en forêt, son épaisse laine écrue avait un aspect sauvage, revêche. Mais je doute de ressembler à autre chose qu'à un trappeur dément enroulé dans une bâche.

Des lampes s'allument dans la vallée, j'imagine le geste de la main vers le commutateur, la pièce sombre subitement illuminée. Des fenêtres s'éclairent aussi en face de nous, sur l'autre massif, selon une ligne horizontale à mi-hauteur de la roche ; les villages là-bas semblent creusés au bord du vide. Marie-Claude s'agite, la suspension de la mobylette couine.

— Tu ne vois pas qui c'est ? Bah, tu ne peux pas les connaître. Ils travaillent en ville, ils ne viennent pas au crémier. Lui, il porte bien, bel homme, mais il est muet. Et puis elle, oh elle a des allures, oui, mais je ne comprends pas bien ce qu'elle raconte. On dirait toujours qu'elle se bagarre avec des choses.

Un charançon passe à mes pieds. Il chemine dans les graviers. Il sait intuitivement qu'il n'est pas le seul charançon, qu'ils sont nombreux, il faut chercher, ratisser.

— Je crois que vous êtes du même âge. Pourquoi tu n'irais pas la voir ?

Les graviers semblent plus blancs malgré le soir, et chacune de leurs facettes apparaît plus tranchante. Je compte les marches de l'église, cinq. Leur couleur gris-bleu rappelle le papier brillant dont le crémier entoure les fromages. La porte de la cabine téléphonique branle au moindre souffle, coincée à mi-chemin de son rail, hors service depuis longtemps. Elle tremble et émet un sifflement douloureux à chaque poussée du courant d'air.

— Marie-Claude, est-ce que c'est difficile de nettoyer une peau de bête ?

— La nettoyer pour faire quoi, la porter ?

Elle retrousse le nez très haut, puis se laisse envahir, front en accordéon, bouche tordue, dents qui claquent.

— Tu vas puer ! Ça pue, la peau de bête. Pis pour bien la nettoyer, faut un acide spécial, qui mange tout… ça nettoie, c'est sûr ! Reste plus une miette de viande sur le cuir, seulement faut aussi une bassine spéciale, tu ne peux pas faire ça dans ta baignoire… Tu vas trouer la maison !

Elle rit ; du fond de sa bouche, les plombages lancent des éclairs. Ses sourcils noirs sous les cheveux presque blancs lui donnent un regard de renarde. Il faut une bassine en titane, l'homme du local à photocopies me l'a dit, je lui ai déjà demandé de se renseigner là-dessus.

Marie-Claude jongle un peu avec deux aubergines, noires dans la pénombre ; elle les lance en les croisant et puis tout à coup me les colle autour du cou, froides et lisses comme des poissons.

— Tiens, je te fais un col de manteau ! C'est pas beau ?… Elle s'appelle Joëlle, cette femme.

Va la voir ! Ils louent un cabanon juste au bout de leur terrain, c'est après le virage de chez Louise.

La mobylette pétarade, je sursaute. Une Marie-Claude à roues s'éloigne le long de l'église, le bruit du moteur se concentre dans l'aigu en rétrécissant.

Je m'imagine rendre visite à Joëlle. Vois ça, Marthe, une peau de bête, ou plusieurs, cousues au lien de cuir, un manteau extraordinaire à poils mélangés, teints dans les roux violacés, mordorés, une cape de vie pour visiter les autres, s'ils veulent ils pourront toucher.

J'arriverai au bord du terrain à construire, j'arriverai par la route, je marcherai au milieu, tant pis pour les voitures ; il me faudra de la place, à cause de l'ampleur du manteau, de l'ouverture ; du recul, pour les jeux de lumière dans les poils de bête, les reflets, les brillances fugitives ; un souffle passera sur mes épaules, glissera le long des peaux jusqu'à soulever le bas de l'habit, découvrant de lourdes bottes en cuir gras, polies par le froid.

Mon tympan siffle ; oui, je vois cela dans la scène. Les visages se tournent vers moi, seulement une seconde, car aussitôt après – Marthe, tu sais que ça se passe comme ça – les regards se détournent et t'ignorent. N'ont-ils pas remarqué le manteau ? Mais si Marthe, ils l'ont vu, approche encore, il faut donner davantage qu'une vague silhouette, mets-toi à portée de leur main, fais face. Un groupe de personnes s'éloigne, certains disent au revoir, montent dans une voiture ; il reste une femme, et c'est elle forcément. En pantalon large et pull de laine, devant la porte ouverte du cabanon, elle t'a vue, avance-toi et parle ! Joëlle a un corps terriblement bizarre, l'assemblage de ses membres ne ressemble à rien de connu. Elle est haute et large d'épaules, ses hanches voisinent mes seins ; cette femme est un cheval, avec deux yeux en ailes de papillon. Est-elle jolie ? Plus tard, Marthe, plus tard, il faut d'abord encaisser la stature, le teint de peau, les longs cheveux jaunes et épais, la poitrine lourde ; les ailes de papillon sont braquées sur toi, grandes ouvertes ; c'est le moment de lui parler.

Elle est d'emblée très agressive. Par qui suis-je envoyée ? Pourquoi voudrais-je des informations sur le bois d'Orong ? Dans une de ses mains, un flacon de produit pour nettoyer les vitres ; dans l'autre, un torchon. Elle pulvérise des gouttelettes sur une fenêtre, elle marmonne qu'elle déteste ce cabanon, qu'elle devrait déjà vivre dans sa maison. Le terrain s'étend en pente douce, parsemé de mauvaises herbes, d'un noisetier sauvage, de quelques déchets métalliques. Joëlle se déplace par embardées brusques, des changements de direction hasardeux comme ceux d'un cheval inquiet. Je la suis, un peu en arrière mais à portée de voix. L'énergie de la remise en route, l'élan qu'il me faut prendre pour rester debout près d'elle et m'agripper à ses mots, à ma question, toute cette force me ruisselle dans le dos, dans les plis du visage, je m'essuie les ailes du nez qui perlent de sueur ; le manteau est peut-être finalement trop chaud.

Marthe, me dis-je une nouvelle fois, pose ta question.

— Je voulais vous demander, tenez-vous réellement à ce bois sur votre maison ? Est-ce que c'est pour le principe, le symbole, ou bien c'est esthétique ? Je demande ça, je veux seulement comprendre !

Elle se retourne d'une ruade ; les pupilles ombrées de longs cils, les paupières étirées qui mangent les tempes lui donnent un air effarouché, mais sa carrure et ses cuisses monumentales disent toute sa puissance. Elle hennit, elle fulmine :

— Votre peau de bête, vous la portez pour le symbole ou parce que vraiment vous aimez ça ? Je veux dire, vous trouvez ça joli ? Vous en vendez, peut-être ?

Elle commence à frotter un carreau, son geste est furieux, j'ai peur que le verre ne se brise sous sa main.

Ça se passera comme ça, ce sera peut-être même pire, mais j'irai.

La nuit enserre les marches de l'église, et moi avec, les légumes ont roulé contre ma cuisse. Pourtant l'obscurité n'est pas complète ; pas assez d'encre noire pour le volume total, elle est diluée. Il subsiste une lueur diffuse dans laquelle dansent des moucherons phosphorescents. Un quartier de lune bave dans la brume ; la lumière des plus proches fenêtres dessine au sol des carrés jaunes, déformés.

C'est hier que j'ai décidé d'aller voir Joëlle. Je me suis levée très tôt et, dans ma hâte pour me préparer, je me suis cognée plusieurs fois aux angles des meubles, aux chambranles des portes. Le ciel était sombre, immobile et fermé ; le jardin plongé dans le silence d'avant la pluie. Je sentais pourtant mes membres fébriles comme au lever d'un jour radieux ; les muscles parcourus d'électricité, chacune de mes inspirations me semblait contenir trop peu d'air. Pour l'occasion j'ai enfilé des vêtements propres, de ceux que j'avais choisis d'apporter ici. En attendant de porter de la peau taillée à ma guise, j'arborais des bottes neuves, brunes, lacées sur le côté, très difficiles à chausser comme à ôter. J'avais retrouvé un manteau de soie à pans brodés, une robe assez longue, des gants si hauts qu'ils auraient pu couvrir mes bras entiers ; je les nouais en ceinture.

Je suis partie en direction de chez Louise, mes pas se heurtaient d'impatience, je galopais dans le raidillon qui rejoint la route principale, pour une fois il me parut facile à gravir. Je n'entendais pas mon souffle. J'ai dû dépasser la maison de Louise, puis le cabanon, sans les voir ; cela m'arrivait dans mes promenades de marcher plusieurs kilomètres avant de réaliser mon erreur. Je n'ai pas fait demi-tour, j'ai continué d'avancer vers le ciel noir et violet ; il était à portée de main, mou et perméable. A l'approche de chaque virage, je pensais entrer dedans.

Les heures ont passé sans le dire, la lumière ne changeait pas, je me répétais que je partais voir le cheval aux yeux de papillon. Son cabanon n'était pourtant plus depuis longtemps qu'un point en bordure d'un terrain rectangle, bien en aval. J'avançais toujours à l'allure d'une grande marée, mon parfum à la violette ouvrant la marche. J'ai croisé deux hommes qui m'ont portée sur plusieurs mètres du bout de leurs yeux, sidérés sans avoir eu le temps d'être inquiets, éblouis comme on peut l'être par une vision funeste. Je leur ai souri, d'une façon que je n'avais pas retrouvée depuis lui.

Je ne ralentissais pas, je ne sentais aucune douleur ; mes pieds, mon dos, mes oreilles, tout était en route, et j'ai pensé que la vraie souffrance viendrait en m'arrêtant, aussi je n'ai pas entendu la soif, ni la faim ni la fatigue, ces mots m'auraient d'ailleurs paru ridicules et incongrus.

J'ai quitté la route, elle se terminait avec la végétation. J'ai poursuivi à travers les rochers sur un chemin de terre, à première vue désert et silencieux, pourtant je l'ai trouvé grouillant de vies chaudes. J'ai perçu l'immense rassemblement, une foule joyeuse déguisée en cailloux secs et en racines entortillées. Mal déguisés, je les reconnaissais ; les chuchotements, les rires étouffés de ces farceurs me faisaient sursauter, tourner la tête en tous sens, il m'a même fallu repousser des ombres curieuses, des épaisseurs transparentes qui s'allongeaient en croche-pattes enfantins.

J'ai vu un sommet s'approcher, une ligne de fin de terre, à peine distincte des nuées roulantes, opaques et de plus en plus foncées. Alors que, sans cesser de bondir d'un pied sur l'autre, j'envisageais de gagner la crête, j'imaginais déjà le goût de son air noir ; mais je marchais en transversale, à flanc de côte, suivant la ligne dessinée par la cime des derniers arbres. Parallèle à l'horizon, à la surface de la mer, à ses fonds invisibles. Une fine pellicule blanche, dans laquelle je me reconnus aussitôt, couvrait maintenant rochers et broussailles épineuses. En posant les doigts sur cette gaze blanche, je n'ai rien senti de froid, je n'ai pas frissonné, je suis simplement entrée dans le rocher, je l'ai tiédi en passant ; son intérieur était souple et lumineux.

Je peux bien continuer de marcher en travers, ai-je pensé soudain, je n'ai plus envie de gagner la crête ; le balcon est une meilleure place pour qui ne pourra jamais faire vraiment partie du monde, seulement y dériver sans parvenir à l'encocher, pas même une minuscule entaille à espérer.

C'était hier, sur le chemin suspendu, esquisse de route sur l'énorme crâne minéral. Je ne serai jamais assez rapide pour attraper le monde, mes foulées ne suffiront pas, ma volonté n'y changera rien. Autant décider que je lui appartiens. J'inventerai ses dénivelés, ses failles noires et ses parois d'or, j'improviserai les couplets, ajouterai des contre-chants. Et si je me sens étouffer et couler, c'est que le monde coule avec moi, nous ne nous quitterons pas.

C'était hier, j'y suis encore ; je ne pense pas être perdue, je n'attends pas de secours, au contraire ; je savoure la pente, je goûte le ciel noir qui menace, s'assombrit mais ne pleut toujours pas. Je ne quitte pas la place, je n'abandonne rien, puisque je suis le monde entier.

OUVRAGE RÉALISÉ
PAR L'ATELIER GRAPHIQUE ACTES SUD
ACHEVÉ D'IMPRIMER
EN DÉCEMBRE 2007
PAR L'IMPRIMERIE FLOCH
A MAYENNE
POUR LE COMPTE DES ÉDITIONS
ACTES SUD
LE MÉJAN
PLACE NINA-BERBEROVA
13200 ARLES

DÉPÔT LÉGAL
1re ÉDITION : JANVIER 2008
N° impr : 69818
(Imprimé en France)